지금은 내게
귀기울일 때

Honor
Your
self

지금은 내게
   귀 기울일 때

초판 1쇄 인쇄 | 2013년 5월 17일
초판 1쇄 발행 | 2013년 5월 24일

지은이 | 패트리샤 스페다로
옮긴이 | 정지현
펴낸이 | 이희철
기획편집 | 조일동
마케팅 | 임종호
본문디자인 | 피앤피디자인(www.ibook4u.co.kr)

주   소 | 서울시 마포구 망원2동 467-30 1층
이메일 | chekpoong@naver.com
전   화 | 02-394-7830
팩   스 | 02-394-7832
등록번호 | 제313-2004-00243호(2004년 10월 19일)

※ 값은 뒤표지에 표기되어 있습니다.
※ 잘못된 책은 구입하신 서점에서 바꾸어 드립니다.

ISBN 978-89-93616-30-9 (03320)

이 도서의 국립중앙도서관 출판시도서목록(CIP)은 e-CIP홈페이지(http://www.nl.go.kr/ecip)와 국가
자료공동목록시스템(http://www.nl.go.kr/kolisnet)에서 이용하실 수 있습니다.
(CIP제어번호 : CIP2013003317)

내가 나누어줄 수 있는 가장 위대한 선물은
바로 내 자신의 재능이라는 사실을 일깨워 준
인류의 스승들에게 이 책을 바친다.

삶은 둘 중 하나만 선택하면 되는 게 아니다. 이론에서도 현실에서도 삶은 모순으로 가득하다. 이 책은 당신을 힘들게 하고 스트레스에 시달리게 하는 요인이자 당신이 모순이라고 여기는 삶 속으로 안내한다. 그것은 남들이 필요로 하는 것과 당신이 필요로 하는 것, 주는 것과 받는 것 사이의 균형을 맞추는 일이다. 남을 위해 희생해야 하는가, 나를 먼저 챙겨야 하는가? 너그러워야 하는가, 확실히 선을 그어야 하는가? 그와의 관계를 유지해야 하는가, 아니면 끝내야 하는가? 이와 같은 긴장은 삶의 자연스러운 부분일 뿐만 아니라, 삶 그 자체다.

현대 사회는 당신에게 균형을 찾게 해줄 만한 조건을 제시하지 못한다. 이에 비해 인류의 위대한 스승들은 그 방면의 전문가라고 해도 과언이 아니다. 그들의 놀랍고도 가장 현실적인 조언을 들여다보는 이유도 이 때문이다. 인류를 이끌어 온 위대한 가치들, 그들이 남긴 아름답고 조화로운 지혜, 그들의 경험담을 한데 모아 베풂의 아름다움과 방법을 찾아보았다. 더불어 내 경험과 주변 사람들의 이야기를 통해 우리가 오해하거나 잘못 알고 있는 베풂에 대한 믿음을 가려보았다. 그렇다. 이 책에서 말하고 있듯이 편견에 익숙해진 습관과 남에게 끌려다니기에 급급한 나날들이 당신의 열정과 가능성으로 가득한 삶을 가로막고 있다. '좋은 사람'이 되려는 욕심이 당신을 망치고 있다.

이 책은 당신이 힘들어 하는 이유를 낱낱이 끄집어내거나, 욕망을 채우는 방법을 알려주지 않는다. 당신을 필요로 하는 이들에게 등을 돌리라는 내용도 아니다. 세상에 태어난 이상 그 누구도 혼자 살 수는 없다. 따라서 베풂과 받음은 태어날 때부터 죽을 때까지 함께해야 한다. 베풂과 받음으로 상처를 입고, 베풂과 받음으로 잊고 있던 자신의 가치를 드높이기도 한다. 베풂과 받음은 삶 자체라 해도 과언이 아닐 정도다. 그러나 핵심은 자기 자신이다. 자신을 존중할 때 비로소 가장 위대한 자아 역시 존중할 수 있다. 이는 다른 사람을 존중하는 방식이기도 하다. 이로써 삶은 더 풍요로워지고, 당신은 더 많이 베풀고 받을 수 있다.

우리는 삶의 모든 영역에서 베풂과 받음의 복잡한 기술을 익혀야만 한다. 이 책은 그것을 가능하게 해주는 위대한 힘을 찾아보고, 진심 어린 방법을 알려 주고자 한다. 머리가 아닌 마음으로 베풀고, 감정을 이용해 자신에게 솔직해지고, 자신과 그들을 존중하고, 자신의 목소리를 찾는 과정을 들여다보고, 자신의 재능과 위대함을 축복할 수 있는 자유를 선물하고자 한다. 그리고 삶의 균형을 유지하는 방법도 안내하고자 한다. 스텝을 알면 춤을 출 수 있다. 그때 내게 귀 기울일 수 있고, 바로 그때 마법이 시작된다.

　우리의 있는 그대로의 모습과 주어진 순간에 우리가 창조하는 모든 것은 이전에 왔던 모든 것이 보내준 진정한 축복이다. 따라서 내 인생에서 지금의 내가 될 수 있도록 도와준 이들 모두에게 감사를 표하기에 이 공간은 턱없이 부족하다. 하지만 부모님과 조부모님 그리고 자매들에게 감사한다. 내게 생기 넘치는 가슴으로 베풀고 마음으로 주는 법을 가르쳐준 모든 이에게 감사한다. 그들에게 감사의 말을 전하지 않는다면 직무 태만이 될 것이다.

　지금까지 살아오는 동안 이 책에 담긴 교훈을 명확하게 밝혀 주는 이야기를 나누어준 친구와 지인들에게도, 고귀한 지혜와 경험을 선사한 인류의 스승들에게도 감사를 드린다. 그리고 나와 함께하는 여러분의 마음을 존중한다.

들어가는 글

PART 1 '좋은 사람'이 되려고 애쓰지 마라

PART 2 나를 사랑해야 남도 사랑할 수 있다

PART 4 답은 그들이 아니라 내 안에 있다

'좋은 사람'이 되려고
애쓰지 마라

"세상 그 어디를 둘러봐도

그대보다 더 사랑받을 가치가 있는 사람은 없다."

−부처

그 누구도 아닌 나를 위하여

삶이 나를 힘들게 할지라도

삶은 둘 중 하나가 참이거나 거짓인 수학 방정식과는 다르다. 실제적으로나 이론적으로나 삶은 역설이라 부르는 모순으로 가득하다. 모순이란 시간과 에너지 그리고 관심을 차지하기 위한 경쟁 사이에서 더 중요한 것을 선택하려는 균형적인 행동이다.

누구나 매일매일 딜레마와 마주한다. 가족과 더 많은 시간을 함께 보내야 할까, 아니면 커리어를 쌓는 데 힘써야 할까? 위험을 무릅쓰고 새로운 일에 도전해야 할까, 아니면 늘 하던 방식대로 해야 할까? 자녀에게 더 많은 자유를 주어야 할까, 좀더 엄하게 통제하는 게 현명할까? 지금 사는 집에서 먼 곳으로 이사를 가야 할까, 사랑하는 사람들 곁에 있는 게 옳을까? 힘을 합쳐야 할까, 아니면 서로 경쟁하도록 해야 할까? 부하 직원들의 관리자 역할을 해야 할까, 그들의 멘토가 되어야 할까? 혼자 힘으로 서야 할까, 아니면 주변 사람들의 도움을 받아야 할까? 그들에게 너그러워야 할까, 분명하게 선을 그어야 할까? 가만히 지켜봐야 할까, 아니면 맞서 싸워야 할까?

이런 긴장은 삶의 일부분일 뿐만 아니라 그 자체가 삶이다. 반대되는 것들이 일으키는 역동적인 긴장감은 세상을 변화시키고, 진화하게 하며, 삶을 새롭게 한다. 반대되는 것들의 상호작용 없이는 아무것도 존재할 수 없다.

양쪽이 합쳐져 조화를 이룬다. 낮과 밤, 남성과 여성, 동적인 것과 정적인 것, 집중과 융통성을 비롯해 세상에는 반대되는 것이 반드시 필요하다. 그리고 반대되는 한 쌍의 역동적인 상호작용이 없다면 한쪽은 정체되고 쇠퇴해 소멸에 이를 뿐이다. 창조적인 긴장 또는 내가 모순 활동이라고 이름 붙인 것은 삶과 성장에 반드시 필요하다.

모순이라고 말하고 싶을 때

모순에는 서로 대립하는 것처럼 보이지만 둘 다 참인 진실이나 원리, 관점이 포함되어 있다. 이를테면 "그때는 내게 가장 행복한 때이면서 가장 불행한 때이기도 했다"거나 "많이 배우면 배울수록 내 지식이 얼마나 부족한지 알게 된다" 같은 말은 모두 모순이다.

삶의 많은 부분이 모순을 토대로 한다. 여전히 물리학의 모순을 해결하려고 애쓰는 과학자, 일상에서 드러나는 비일관성을 유쾌하게 지적하는 개그맨, 물질적인 세계에 살면서도 영적인 세계를 경험할 수 있다고 믿는 신비주의자 들은 모순의 열렬한 옹호자들이다.

동서양을 막론하고 인류의 위대한 스승들은 모순에 사로잡히는 문제를 자주 언급한다. 그들은 모순을 이해하는 것이 좁은 사고에서 벗어나는 길이라고 말한다.

그들에 따르면, 서로 모순되는 것은 서로 반대되는 것이 아니라 다른 한쪽을 보완하는 것이며, 배타적인 것이 아니라 다른 한쪽의 부족함을 채워 주는 것이다. 인생은 이것 혹은 저것이 아니다. 둘 중 하나가 아니라, 이것과 저것 둘 다 필요로 한다.

성 프란체스코는 "우리는 베풂을 통해 받고, 죽음을 통해 영원한 삶으로 태어난다"라는 말로 모순되는 것들의 연관성을 언급했다. 부처는 제자들에게 공동체에서 얻는 위안이 자신의 영적인 성장에 필요하다고 말했다. 하지만 "자신이 아닌 그 누구에게서도 위안을 찾으려 하지 말라"는 조언도 함께 했다. 도교의 창시자인 노자는 "텅 빈 것은 꽉 찬 것이다. 적게 가지는 것은 소유다"라고 했으며, 예수는 "너희는 뱀같이 지혜롭고 양같이 순결하라"고 말했다.

위대한 스승들이 뭔가 착각한 건 아닐까? 아니면 그들의 말을 옮겨 적은 이들이 실수한 걸까? 둘 다 아니다. 그들의 삶과 그들이 남긴 문헌에는 모순이 스며들어 있다. 그들은 반대되는 것들 사이의 긴장감은 세상을 움직이는 원리이므로 무시하거나 쫓아버리려 해서는 안 된다고 가르친다. 수피 신비주의자인 루미가 "신은 반대의 의미를 가르친다. 그래서 당신은 하나가 아니라, 날 수 있는 두 개의 날개를 가질 것이다"라고 한 말도 이와 다를 바 없다.

모순은 삶의 일부다. 어느 누구도 모순으로부터 달아날 수 없다. 오직 그것을 포용하고 그것과 하나가 될 수밖에 없다. 반대되는 것들은 없어져야 할 것이 아니라 동전의 양면처럼 조화롭게 존재해야 할 운명이기 때문이다.

모순의 원리는 특정 종교와 관련이 없다. 어떤 종교를 믿든 인간은 모순과 마주한다. 모순은 때와 장소에 따라 한쪽 면이 먼저

드러나고 나중에 다른 면이 드러나므로 이처럼 자연스러운 흐름
을 배워야 한다고 인류의 위대한 스승들은 말한다. 그래서 한 스
승은 "유연하다는 것은 축복이다. 어떤 상황에서든 적응할 수 있
기 때문이다"라고 말했다.

그건 잘못된 믿음 때문이야

모순의 양면을 받아들이지 않으면 어떻게 될까? 앞으로 나아가
지 못하고 멈추고 만다.

몸이 필요로 하는 것을 존중하지 않으면 몸은 자신의 아픔에 귀
기울이도록 기능을 멈추고, 우리를 병원으로 보낼지도 모른다. 반
대로 물질적인 욕구에만 관심을 쏟고 마음을 가꾸지 않는다면 영
혼에 병이 나 이유도 모른 채 우울증에 빠질 수 있다.

한쪽으로 치우치면 반드시 균형이 깨진다. 이는 시소를 타다가
반대편에 있던 사람이 갑자기 사라져 혼자 남은 상황과 같다. 반
대편에서 아무런 움직임도 만들어 내지 않으므로 아래로 내려갈
뿐, 더 이상 올라갈 수 없다.

모순의 이치를 깨닫지 못하거나 모순 활동에 참여하지 못하는
것이야말로 스트레스의 가장 큰 원인이다. 당신이 한쪽에만 치우

치는 이유는 어렸을 때부터 배운 탓에 너무나 익숙해진 잘못된 믿음 때문이다.

잘못된 믿음을 진실이라고 외우고 받아들이면 그것이 틀렸다는 사실조차 깨닫지 못한다. 잘못된 지식으로 세상의 이치를 배운 탓에 잘못된 믿음을 가져왔으며, 그 믿음이 다른 쪽을 보지 못하도록 구속하고 말았다. 잘못된 지식이 굳어지면 지금 하고 있는 방법 외에는 다른 선택지가 없다고 믿어 버리게 된다.

당신이 균형에서 벗어나면 균형을 되찾을 수 있도록 상황이나 사람, 사건 등을 통해 삶이 당신에게 메시지를 보낸다. 당신은 그 메시지를 들을 필요가 없도록 다른 방향으로 가거나 메신저를 없애 버리고 싶어진다. 하지만 메시지는 사라지지 않는다. 기어코 받아들일 때까지 그 메시지는 계속 나타난다.

이 책은 삶의 수많은 모순들 중 하나인 베풂과 받음에 대해 이야기한다. 당신은 삶의 모든 곳에서 베풂과 받음의 섬세한 움직임을 제대로 익혀야 한다. 풍요로움, 자기 가치, 건강, 인간관계, 일에 관련된 문제는 물론 자신의 진정한 재능을 찾을 때를 비롯해 수많은 상황에서 베풂과 받음이라는 모순과 마주친다. 그리고 그 핵심에는 중요한 문제가 자리한다.

• 내가 필요로 하는 것과 다른 사람이 필요로 하는 것 사이의

균형을 어떻게 맞출까?

• 남에게 베풀기 위해 나를 포기해야만 할까?

자신을 존중한다는 것은 응석받이처럼 자신의 욕구를 채운다는 뜻이 아니다. 당신을 필요로 하는 이들을 모른 척하라는 것도 아니다. 베풂과 받음을 둘러싼 문제는 그보다 훨씬 더 심오하다. 자신을 존중할 때 비로소 '가장 위대한 나'를 깨닫고, 자신의 가치를 알고 행동할 수 있으며, 그런 사람만이 남에게 더 많이 베풀 수 있다.

현대사회는 균형을 되찾아 주지 못한다. 그에 반해 동서양의 위대한 스승들은 그 방면의 전문가다. 이 책에는 위대한 스승들이 말하는, 베풂과 나눔의 기술을 익힐 수 있게 해주는, 현실적이면서도 놀라운 조언이 펼쳐진다. 가능성과 열정으로 가득한 삶을 살지 못하게 당신을 억누르고 있던 잘못된 믿음들을 알아보는 법도 가르쳐준다. 적절한 한계를 찾고, 해로운 이들에게 솔직해지고, 머리가 아닌 마음으로 베풀고, 마지막을 존중하며, 자신에게도 솔직해지고, 자신의 목소리를 찾는 과정을 통해 자신의 재능과 위대함을 발견할 수 있다. 그러면 자연스럽게 자신을 존중하는 길에 이를 수 있다. 스텝을 알아야 춤을 출 수 있듯이, 자신의 재능과 위대함을 발견하는 바로 그때 놀라운 마법이 시작된다.

삶의 리듬을 즐겨야 할 당신에게

당신은 지금 댄스 교실에 들어와 있다. 한 동작씩 배워 춤을 마스터하려고 한다. 당신은 늘 변화하는 인생의 리듬에 맞춰 조화롭게 움직이는 새로운 방법을 배우는 학생이다. 배운 것을 자신만의 방식으로 다른 사람과 공유하므로 당신은 학생인 동시에 스승이다. 자신이 배워야 할 것을 다른 사람에게 가르쳐 주는 경우가 많으므로 이 또한 모순이 아닐 수 없다.

내가 지금까지 쓴 책들이 그랬듯 이 책의 주제도 다르지 않다. 나는 매일 이 세상에서 가장 위대한 존재인 '나'를 존중한다는 것의 의미를 배운다. 여전히 비틀거리고 리듬을 맞추지 못할 때도 있다. 그럴 때면 멈추어 심호흡을 한 후 음악의 리듬에 맞춰 스텝으로 돌아가야 한다.

당신은 배우는 중이다. 힘들어하는 자신을 다독이거나 때로는 자신을 무대로 끌고 가는 인내심 많은 스승들에게 가장 중요한 점이 바로 그것이다. 당신은 연습을 할수록 점점 나아지리라 확신한다. 당신은 언제나 자신의 재능을 존중하고 축복하는 새로운 스텝을 터득하고 있을 것이다.

이 책은 나 자신과 당신을 위해 썼다. 이 책에는 지금까지의 내 여정이 들어 있고, 당신과 함께 나누고 싶은 소중한 발견들이 들

어 있다. 모든 답이 들어 있거나 춤 동작을 하나도 빠짐없이 알려
주는 책은 없지만, 이 책이 삶이라는 춤을 이해하고 익히는 데 도
움이 되었으면 한다. 삶이 당신을 넘어지게 하려고 할 때 당신이
좀더 가벼운 스텝을 내디딜 수 있도록 이 책으로 도와주고 싶다.
좀더 여유로운 미소를 지으며 삶이라는 춤을 즐길 수 있도록.

균형은 어디에서 오는가

풍년을 바란다면 땅을 쉬게 하라

"남에게 베풀 때 나는 선한 사람이 된다. 받는 것보다 주는 것이
더 좋은 일이다."

이는 잘못된 믿음인가, 진실인가?

대부분의 사람들은 어릴 때부터 다른 사람에게 주고 또 주는 것
이 도리라고 배웠다. 하지만 그것은 반쪽짜리 진실이다. 기쁜 마
음으로 온전하게 나누지 못하도록 가로막는 잘못된 믿음이다. 위
대한 스승들의 말을 들어 보자.

"당신은 다른 사람은 물론 자신에게 베풀어야 할 의무가 있다.

당신이 무언가를 필요로 할 때일수록 남에게 베풀어야 한다.”

당연한 격언처럼 들린다. 하지만 다시 한번 곰곰이 생각해 보자. 실제로 자신을 베풀어야 할 중요한 대상으로 여기는 이들은 얼마나 될까?

로마의 시인 오비디우스는 “휴식을 취한 들판일수록 곡식이 더 풍요롭게 자란다”고 했다. 땅이 햇빛과 물, 영양소를 충분히 받아야 풍작을 이룬다. 결실을 거둔 땅은 휴식을 취하면서 생명력을 회복해야만 다시 베풀 수 있다.

땅의 생명력을 먼저 보살피고 채우지 않는데 어떻게 다음해에 풍년을 이룰 수 있을까? 이 질문은 우리가 미처 기억하지 못할 뿐, 어린 시절에 수없이 배우고 익힌 교훈이다. 그리고 그것은 오랜 옛날부터 이어져 왔다.

인도의 대표적인 고대 서사시인 〈마하바라타〉에는 “자신이 당하면 괴로워할 방식으로 다른 사람을 괴롭히지 말라”라는 구절이 있다. 이슬람교에서는 “진정한 믿음을 가진 사람은 자신이 원하는 바를 형제에게도 똑같이 원하는 사람이다”라고 말한다. 기독교에서도 “네 이웃을 네 몸같이 사랑하라”고 가르친다.

당신은 자신을 사랑하고 아끼는 것과 똑같이 남을 사랑하고 아끼는가? 자신을 사랑하고 아끼지 않으면서 어떻게 남을 사랑하고 아낄 수 있을까? 다시 말하지만 먼저 자신을 존중하지 않으면 다른 사람을 진정으로 존중할 수 없다.

● 잘못된 믿음
'나는 항상 남에게 주어야 할 의무가 있어.'

● 진실의 말
'나는 남들뿐만 아니라 나 자신에게도 주어야 할
의무가 있어. 나한테 주어야만 남한테도 줄 수 있
으니까.'

여기에서 우리는 베풂과 받음에 담긴 첫 번째 모순과 마주친다. '먼저 자신에게 관심과 사랑을 주어야만 남에게도 관심과 사랑을 줄 수 있다.' 이 둘은 서로 배타적인 것이 아니라 서로가 서로의 부족한 부분을 채워 준다.

베풂과 받음에는 모두 때가 있다. 《구약성서》〈전도서〉에는 미국의 포크 가수인 피트 시거의 노래로 더 유명해진 다음과 같은 구절이 있다.

"하늘 아래 모든 것에는 때가 있고, 모든 목적이 이룰 때가 있다. 날 때가 있고 죽을 때가 있으며, 심을 때가 있고 심은 것을 뽑을 때가 있다. …… 돌을 던질 때가 있고 돌을 거둘 때가 있으며,

안을 때가 있고 안는 일을 멀리할 때가 있다.”

당신이 할 일은 어느 때에 놓여 있는지 알고 그것을 존중하는 것이다.

내게 베푸는 법을 배워야 할 때

베푸는 것은 더할 나위 없이 잘하지만 받는 것은 그렇지 못한 이들이 있다. 주변 사람들에게 도움을 구하지 않으며, 뭔가 필요하다는 사실을 스스로에게는 물론 다른 이들에게도 절대 알려주지 않는다. 심지어 칭찬조차 받아들이지 않으려고 한다. '나는 항상 다른 사람들에게 주어야 할 의무가 있어' 라며 모순의 한쪽만 실천하고, '나는 자신에게 주어야 할 의무가 있어' 라는 나머지 한쪽은 생각조차 하지 못한다.

누구나 살면서 자연스럽게 자신에게 베풀지 못했음을 안타까워한다. 그것은 대부분 자신이 보고 만질 수 있는 자신의 몸에서부터 시작한다. 그리고 스스로에게 묻는다.

'나는 내 몸의 필요를 존중할 만큼 나 자신을 사랑하는가? 내가 마땅히 누려야 할 영양과 휴식, 즐거움을 나 자신에게 주고 있는가?'

몸의 필요를 충족시켜 주지 않으면 몸이 스스로 나서서 그럴 수밖에 없도록 만들어 버린다. 내가 일 때문에 자주 만나는 사람이 그런 경우를 보았다. 얼마 전 수술을 받은 그에게 몸이 괜찮은지 물었다. 그는 얼굴을 찡그리며 "괜찮은데 또 다시 바빠졌네요. 조만간 휴식을 취하지 않으면 또 병원 신세를 지게 될 거예요"라고 말했다. 그 말을 듣는 순간 나는 가슴이 철렁했다. 정말로 그의 말대로 될 것 같은 예감에서였다.

나 역시 그 깨달음을 직접 체험한 적이 있다. 갑자기 건강이 나빠져 병원 신세를 지고 있을 때, 그 병원의 간호사인 친구가 하루에도 몇 번씩 내 상태가 호전되었는지 살펴보러 병실에 들렀다. 나는 침대에 가만히 있지 못하고, 무조건 쉬어야 한다는 사실조차 인정하지 못했다. 그런 나를 본 그녀는 일주일 동안 내 수호천사가 되어 주겠다고 자청했다.

나는 친구에게 내 몸은 멀쩡하니 병실에 있지 않아도 괜찮다고 고집을 부렸다. 게다가 처리해야 할 업무는 산더미처럼 쌓여 있었다. 하지만 친구는 내 말을 곧이듣지 않았다. 친구는 내 얼굴을 똑바로 바라보면서 "가만히 휴식을 취하는 게 지금 네가 할 일이야"라고 말했다.

친구는 그런 내게 자신이 병이 났을 때 얻은 깨달음을 이야기해 주었다. 친구도 나처럼 침대를 박차고 일어나 일상으로 복귀하려고 했다. 그런데 그녀가 멘토로 삼고 있는 분이 그녀를 붙잡아 침대에 눕히고 이불을 덮어 주며 이렇게 말했다고 한다.

"당신이 있어야 할 곳은 여기입니다. 당신은 오랫동안 간호사로 일해 항상 사람들한테 주는 게 자기 몫이라고 생각해 왔습니다. 하지만 이제는 받는 법도 배워야 합니다."

나 역시 친구와 다르지 않았다. 애초에 오랫동안 몸을 혹사하며 무리하게 일한 탓에 병원 신세를 진 게 아닌가. 친구가 가고 난 후 자리에 다시 누운 나는 눈을 감자마자 금방 잠이 들었다.

흔히 정신적인 깨달음을 얻으려면 육체와 물질세계에서 초자연적인 세계로 관심을 옮겨 가야 한다고 생각한다. 하지만 그 논리에는 잘못된 믿음이 숨어 있다. 동서양의 위대한 스승들은 그 잘못된 믿음을 조심하라고 경고한다. 그들은 육체를 돌봐야만 내면의 잠재력에도 이어질 수 있다고 말한다.

랍비인 나흐만은 "영혼을 튼튼하게 하기 전에 몸을 튼튼하게 하라"고 말했다. 약 2천 년 전, 불교의 창시자는 그 깨달음에 자극을 받아 불교의 근본적인 가르침인 중도(中道)로 발전시켰다.

인도의 왕자 고타마 싯다르타는 부와 쾌락 이상의 것을 찾아 아내와 어린 자식을 두고 길을 떠났다. 그는 엄격한 금욕 생활이 깨달음에 이르게 해주리라 믿고 6년 동안을 수행했다. 하지만 그는 필요한 영양분을 충분히 섭취하지 않아 몸이 쇠약해질 대로 쇠약해져서 아사 직전까지 이르렀다.

그때 마침 한 소녀가 그를 발견하고 그에게 우유로 만든 죽을 한 사발 주었다. 이에 그는 지금까지의 희생과 극도의 자기 단련이 깨달음에 이르게 해주지 못했다는 사실을 깨닫고 감사한 마음으로 그 음식을 먹었다.

기력을 되찾은 그는 깨달음을 얻을 때까지 보리수나무 아래에서 명상을 했다. 온갖 유혹에 맞닥뜨리며 힘든 시간을 보냈지만, 그는 그 음식을 먹고 기력을 회복해 끝까지 버텼고, 마침내 깨달음에 이를 수 있었다.

그 후 그가 중생들에게 가장 먼저 가르친 것은 탐닉과 자기부정이라는 극단적인 상태에서 벗어나 중도를 걸어야만 깨달음에 이를 수 있다는 것이었다.

조화와 균형을 찾는 중도의 지혜는 부처의 제자들뿐만 아니라 우리에게도 적용되는 보편적인 원리다. 당신도 그렇다. 극단적인 희생과 그런 생각이 스스로를 '좋은 사람'이라고 믿게 만들어 줄지라도 극단적인 희생과 그런 생각이 정말 자신이 얻고자 하는 성취감과 의미에 다가가도록 해주는지 되짚어 보아야 한다.

남에게 베푸는 것이 자신에게 주어진 유일한 임무라는 잘못된 믿음으로 당신의 몸이 원하는 것을 희생하고 있지는 않은가? 깨진 균형을 찾아야 한다고 알려주는 경고 신호와 메시지를 무시하고 있지는 않은가?

생화학 연구원인 노라는 자신의 몸을 바라보는 시선을 바꾸자 삶까지 바뀌는 경험을 했다. 그녀는 오랫동안 온갖 다이어트와 처방을 시도했지만 아무런 효과도 보지 못했다. 급기야 건강에 심각한 이상 신호가 나타날 지경에 이르렀고, 그때서야 스스로 마지막 기회라고 결심했다. 건강을 돌봤어야 했다. 더 이상 물러날 여지가 없었다.

결심과 함께 3개월이라는 시간이 쏜살같이 흘러갔다. 내가 노라를 만났을 때 그녀는 얼굴에 의기양양한 미소를 가득 담고 새로운 모습으로 변해 있었다. 그녀는 3개월이라는 짧은 기간 동안 생각보다 훨씬 많은 체중을 줄이는 데 성공해 자신은 물론 친구들까지 놀라게 했다. 그녀는 그들에게 이렇게 말했다.

"지금까지는 머릿속에만 머물러 있었어. 몸에는 관심을 기울이지 않았지. 그런데 육체 자체에 좋은 방법을 시도하고 나니 체중을 감량하는 것보다 내 몸을 사랑하는 것이 우선이라는 사실을 알게 되었어. 생각을 바꾸자 모든 게 바뀌었어. 내 몸을 사랑하기 위해서라고 생각하니까 입에서는 맛있지만 몸에는 좋지 않은 음식을 참는 게 예전처럼 힘들지 않아졌거든."

과체중이 아닌 사람이라도 그녀의 이야기에 공감할 것이다. 정신없이 바쁘게 돌아가는 생활 속에서 남에게 베풀기만 하다가 자신의 몸을 혹사시키는 경우가 적지 않다. 남에게만 신경 쓰다가 식사를 제때 하지 못하기도 하고, 급하게 패스트푸드로 때우는 일도 있으며, 휴식을 취하거나 운동할 시간을 갖지 못한다.

문제는 몸의 균형이 깨지면 머리, 감정, 정신, 인간관계 등 나머지 모두가 고통 받는다는 점이다.

니코스 카잔차키스의 소설 《그리스인 조르바》에는 몸을 돌보는 일의 중요성을 보여주는 장면이 나온다. 조르바는 그의 상사가 몽상에만 빠져 배가 고프지 않다며 그가 만든 음식을 먹지 않겠다고 하자 이렇게 말한다.

"아침부터 아무것도 먹지 않았습니다. 육체에도 영혼이 있습니다. 몸을 불쌍하게 여기고 몸에 먹을 걸 주세요. 제대로 먹이지 않으면 언젠가는 길 한가운데에서 오도 가도 못하게 될 테니까요."

남들보다 건강하다는 착각

몸에 관심을 기울이지 못하게 하는 잘못된 믿음이 또 하나 있다. 그것은 바쁠수록 강해진다는 착각이다.

한꺼번에 여러 가지 일을 하는 사람일수록 강한 사람처럼 보인다. 계속 앞으로 밀고 나가는 능력이 있으면 무엇이든 할 수 있다는 생각이 든다. 자신은 다른 사람에게 베풀기 위해 태어났고, 남들과 달리 자신은 휴식을 취할 필요가 없는 특별한 사람이라고 착각한다. 하지만 그것은 자신에게 쓰는 속임수에 불과하다. 사실은 남들보다 더 열심히 움직일수록 갖고 있는 에너지는 남들보다 더 적은 경우가 많다. 침술가이자 약초학자인 브렌든 켈리는 내게 그 이유를 설명해 주었다. 당시 나 역시 자신을 속이는 사람들 중 한 명이었기 때문이다.

모든 전통 요법이 그렇듯이, 에너지가 우리의 몸과 삶에 어떻게 작용하는지에 대한 관점은 다양하다. 몸과 마음, 정신이 하나로 움직인다고 여기는 동양의 전통적인 관점도 그중 하나다. 특히 동양의 치유법은 자연적으로 활동과 휴식이 주기적으로 번갈아 이루어져야만 몸이 힘을 충분히 보충할 수 있다고 본다.

동양의학에서는 활동이 많아지면 몸에 '열'이 일어난다고 본다. 바쁘게 움직임으로써 만들어진 열은 몸의 '냉각재'를 소비한다. 냉각재는 내면의 자원과 에너지를 유지하기 위해 반드시 필요하다. 축적된 에너지를 많이 소비하고 열이 냉각재보다 더 많아지면 불안과 불면증이 생기고, 몸에서 열이 나고, 피부가 붉어지는 등 여러 증세가 나타나기 시작한다. 그는 내게 이 작용을 알기 쉽게 설명해 주었다.

"동양에서는 이 냉각재를 음기라고 부르죠. 음기는 지혜와 더불어 내면의 평화를 유지하기 위해 필요한 원천 중 하나입니다. 음기가 전부 소모되면 단기적인 활동과 무의미한 움직임을 위해 내면의 평화와 지혜를 희생해야만 합니다. 에너지를 다시 채우지 않은 채 끊임없이 활동만 하면 내면의 평화가 깨지고 자신의 진정한 모습에 귀를 기울일 수 없답니다. 음기가 부족해지면 자신의 진정한 모습을 알 수 없고, 조화로운 방식으로 표현할 수도 없죠. 휴가나 수면 시간을 늘리고 명상을 하거나 요가 등을 함으로써 휴식을 취하고 고요한 상태를 유지하면 부족한 에너지를 보충할 수 있습니다."

우리가 자신을 속이는 방법은 다음과 같다.

- 내면의 힘이 부족할수록 앞으로 나아갈 수 없다고 여기고, 그 때문에 스스로를 모자란 존재라고 생각한다.
- 그 허전함을 채우려고 더 가혹하게 자신을 몰아붙인다.
- 술에 의지하고 더 가혹하게 몸을 움직이고 바쁜 일상을 만들어 간다.
- 연료가 다 떨어졌다는 느낌은 바쁜 생활 속에 가려진다.

- 분주함, 몸에 해로운 자극이 내면의 에너지가 고갈된 상태를 가려 줌으로써 실제보다 에너지가 많다는 착각까지 생긴다.
- 정신없이 빠른 속도로 돌아가는 현대 문명 또한 바쁜 생활을 부추겨 그 착각을 더하는 데 일조한다.
- 게다가 정신없이 바쁜 생활을 계속할 수 있도록 도와주는 온갖 기발한 상품과 약들이 쏟아져 나온다.
- 그러나 에너지라고 생각한 내면의 어지러운 활동은 진짜 에너지가 아니다.
- 그것은 진짜 에너지가 부족하다는 것을 알려주는 표시일 뿐이다.

이런 악순환을 그는 이렇게 경고했다.

"몸에 열이 많으면 에너지가 많다고 생각하기 쉽지만 사실은 에너지가 많은 게 아니라 열이 많을 뿐입니다. 진짜 에너지가 아닌 열을 사용해 무리하게 지내다 보면 내면의 평화는 포기해야만 하죠."

그렇다면 기운이 넘치고 충만한 상태와 열을 에너지로 착각하고 무리하는 상태는 무엇이 다를까?

내면의 힘이 넘치면 정신없이 급하게 뛰어다니지 않는다. 스스로 충만하고 안정적이므로 내면이 평화롭다. 해야 하는 일들을 하지만 현재 몸이 감당할 수 없는 수준까지 무리하게 하지는 않는다. 내 내면에 에너지가 가득하지 않으면 남에게 베풀 수 없다는 사실을 잘 알기 때문이다.

● 잘못된 믿음
'바쁘게 생활하고 싶고, 계속 그렇게 생활할 수 있다는 건 내가 그만큼 강하다는 증거야.'

● 진실의 말
'고요함이 힘을 만들어 주는 거야!'

물을 끓이고 있는 그릇을 상상하면 이 원리를 이해하기 쉽다. 불이 물을 가열해 증기를 만들어 낸다. 이것을 한자로 '기(氣)'라고 하는데 우리 몸의 생기 또는 필수적인 생명력을 나타낸다.

기는 삶을 지속시켜 주는 에너지다. 균형이 잡혀 있으면 불은 자연스러운 온기 효과를 일으킨다. 그러나 불이 너무 뜨거우면 물이 끓기 시작한다. 그 시간이 길어지면 열이 물을 전부 소모해 버리듯이 내면의 불을 모으기 위해 필요한 에너지가 낭비된다. 물이 끓어 증발해 버리면 더 이상 에너지, 기를 만들어 낼 수 없으므로 말 그대로 쓰러질 수밖에 없다.

그는 내게 "그럴 경우 엄청난 결과가 벌어질 수 있습니다. 어제까지는 에너지가 넘쳐흐른다고 생각했지만 오늘은 절벽에서 떨어진 꼴이 되어 병상에 누워 꼼짝도 할 수 없는 처지가 될 수도 있지요"라고 조언했다.

당신은 정말로 에너지가 넘치는가, 아니면 에너지가 넘친다는 착각 속에서 살고 있는가? 에너지 저장고를 다시 채우지도 않고 텅 빈 상태로 몸을 움직여 작동을 멈출지도 모르는 위험을 무릅쓰고 있는가? 몸의 등잔에 기름이 떨어져 불꽃이 꺼지지는 않았는가? 당신은 인생에서 자신을 우선순위에 포함시키는가?

자신의 욕구를 전혀 중요하지 않은 것처럼 맨 나중으로 밀어내는 이들이 의외로 많다. 남을 위한 의무와 책임을 먼저 돌보고 나서야 남은 에너지를 자신에게 쏟으려고 한다. 그런데 과연 남은 에너지가 있기는 할까?

우선순위를 거꾸로 돌려보면 어떨까? 몸의 등잔에 기름이 충분히 있는지 살핀 다음 남을 둘러본다면? 자신의 불꽃이 먼저 힘차게 타오른다면 결국 남을 볼 수 있는 빛도 더 환해지지 않을까?

그러기 위해서는 먼저 내면의 중요성을 깨닫고 적절한 선을 그어 내면의 필요를 충족할 수 있는 시간과 에너지를 마련해야 한다. 더 잘 베풀기 위해, 자신을 새롭게 하기 위해서는 "아니오"라고 말하면 "예"라고 할 수 있게 된다는 모순을 받아들여야 한다.

위대한 스승들은 '아니오'라고 말하는 법을 잘 알고 있다. 모두가 그런 것처럼 그들도 에너지를 보충해 자신을 새롭게 할 시간이 필요했다. 심지어 테레사 수녀를 비롯해 지칠 줄 모르는 자비의 전도자들도 회복이야말로 힘의 필수 조건이라고 가르쳤다. 테레사 수녀는 스스로를 돌봄으로써 다른 사람들에게 계속 봉사할 수 있는 에너지가 생긴다고 말했다. "모든 시대의 수도자들은 사막, 숲, 산 등지의 침묵과 고독 속에서 신을 찾았다"라고 말하며, 일부러라도 한 발 뒤로 물러서는 여유를 가져야 한다고 했다. 침묵 속에서 신과 홀로 있을 때 "내면의 힘이 쌓여 행동할 수 있게 된다"고 말했다.

테레사 수녀는 스승의 조언을 따른 것이었다. 예수 역시 빵과 생선을 사람들에게 나누어주고 똑같이 했다. 제자들에게 배에 타라고 한 뒤 제자들을 보내고 홀로 산에 올라가 기도를 했다. 영화배우 존 베리모어는 "신은 인간이 혼자 있는 것이 좋지 않다고 말씀하셨지만, 때로는 혼자 있는 것이 큰 위안이 된다"라고 농담 식으로 말했다.

힘든 일주일을 보내는 우리 모두에게는 위안이 필요하다. 선을 긋는 것, 즉 정중하게 "아니오"라고 말하는 여유가 절실하다.

에너지가 줄어들면 활발하게 에너지를 나누어주는 쪽에서 받는

쪽으로 바꾸어야 할 때다. 당신에게 가장 효과적인 방법을 활용해 에너지를 다시 채워야 한다. 자연을 벗 삼아 산책하거나, 좋아하는 음악을 듣거나, 운동을 하거나, 가만히 두 눈을 감고 아무것도 하지 않은 채 심호흡을 하거나…….

'나를 모르면 아무것도 모른다'

다른 사람에 대한 책임을 완수하기 위해 자신을 한계 너머로까지 몰아붙이며 커피 같은 자극제를 몸에 점점 더 많이 쏟아붓는 대신, 자신을 존중하는 새로운 습관을 들여야 한다. 지금 당신이 무엇을 필요로 하는지 알아야 한다. 당신이 이 책을 다 읽은 후 삶의 균형을 되찾고 내일도, 그 다음날도 계속 그것을 기억하려면 먼저 자신을 알아야 한다.

"나는 나를 잘 알아"처럼 심오한 말도 없다. 자신을 아는 것은 위대한 스승들이 추구하던 궁극적인 목표이기도 했다. 델포이 아폴론 신전의 입구에는 "너 자신을 알라"라는 유명한 말이 새겨져 있었다. 《옹호자 도마의 책》에서는 "자신을 알지 못하는 사람은 아무것도 알지 못한다"라고 했고, 유대교 경전 중 하나인 《조하르》에서는 "자신에게 돌아가서 자신을 알고 자신을 실현하라"고 말한다.

당신이 자신의 요구를 구체적인 행동으로 옮기지 않는 이유는 자신을 제대로 알지 못하기 때문이다. 가장 단순하고 가장 기본적인 것에서조차 자신의 진짜 감정과 절실하게 필요한 것이 무엇인지 알지 못해서다. 자신을 아는 것은 심오한 의미가 담긴 일생의 목표지만, 매일 조금씩 그 목표를 향해 다가갈 수 있다. 삶의 균형을 되찾는 데 집중할 수 있도록 도와주는 간단한 질문이 하나 있다.

• 행복해지기 위해 지금 당장 내게 절실한 것은 무엇인가?

나는 이 질문을 떠올릴 때마다 가장 창조적인 일을 할 수 있는 답변을 한다. 조용한 자연에 안겨 신선한 공기를 마셔야 한다고 말이다.

하지만 생각만으로는 부족하다. 자신을 아끼거나 존중하지 않고, 자신의 필요를 가장 중요한 우선순위 목록에 올려놓지 않으면 예민해지거나 불안해질 때 처방전이 생각나지 않는다.

스스로 어쩌지 못할 정도로 상황이 혼란스러워졌을 때도 그 질문의 끈을 잡고 계속 떠올리지 않으면 신선한 공기를 쐬는 것을 잊어버린다. 휴대전화를 끄고, 이메일 확인을 멈추고, 잠시 조용한 곳으로 자리를 옮겨 자신에게 필요한 휴식을 취하지 않으면 삶의 통제력을 잃어버린다.

집이 아닌 다른 곳에서 일하는 내 친구는 자신을 알고 그것을 행동으로 옮기는 일이 얼마나 큰 힘이 되는지 상기시켜 주었다. 어느 날 그에게 언제 만나면 좋겠냐고 물었다. 그는 조금의 망설임도 없이 곧바로 "오후 늦은 시간이 좋아. 아침에 밖에 나가면 이런저런 볼일을 보게 되거든. 사무실로 들어가기 전에 여기저기 들렀다 가니까 꼭 해야 할 일을 못해"라고 분명하게 말했다.

그는 자신을 잘 알았고, 그 앎을 바탕으로 자신에게 가장 적합한 하루일과를 세워 놓은 것이다. 자신을 존중하는 방법에는 여러 가지가 있다. 내 친구의 방법은 별로 어려워 보이지 않지만 연습이 필요하다. 자신을 지켜보면서 알아간 다음 그것을 바탕으로 자신의 필요를 존중하고 행동으로 옮길 때 변화가 일어난다.

균형적인 행동의 핵심

지금 내 몸은 어떤 색일까

삶의 균형을 되찾으려면 균형에서 벗어났을 때를 알 수 있어야 한다. 당신의 인생이 한쪽으로 기울어지고 있음을 말해 주기 위해 끊임없이 나타나는 경고 신호는 무엇인가? 다음은 당신이 균형을 잃었다는 사실을 알려주기 위해 당신의 인생에 불쑥 끼어드는 경고 신호들이다.

지속되는 긴장 또는 불안에 시달리는가

물론 긴장감은 나쁘지 않다. 돌파구를 찾는 행동을 유발하는 것이 긴장감이기 때문이다. 그러나 긴장감이 지속된다면 자신을 지나치게 혹사하고 있다는 신호일 수 있다. 내면의 욕구에 관심을 기울이지 않아 축적된 에너지가 점점 고갈되고 있다. 자신을 우선순위로 두지 않는 데 익숙한 이들은 그 신호를 간과하도록 길들여졌다. 긴장이나 불안이 느껴질 때를 깨닫는다면 그런 습관을 바꿀 수 있다. 긴장이 느껴지면 정신을 집중하라. 이는 자신을 존중하기 위한 첫 번째 단계다.

집중력이 떨어지는가

내면의 요구를 충족하지 않으면 머리와 감정이 당신에게 장난을 친다. 나 역시 충분히 쉬거나 놀지 않으면 스스로를 괴롭히는 나를 발견한다. 가만히 앉아 있지 못하고, 정신이 산만해지고, 할 일을 미룬다. 쉬어야 할 필요가 있다는 사실을 부정하고 당장 해야 할 일에 집중하기로 했는데도 현실은 그와 정반대가 된다. 요구가 충족되지 않으니 도저히 집중할 수가 없는 것이다. 결과적으로 보면 마당에 잡초도 뽑아야 하고, 설거지도 해야 하고, 고양이에게 마사지도 해주어야 하는 등등 조용히 쉬어서는 안 되는 온갖 핑곗거리를 찾아내고는, 결국 집중하지 못한다고 자신을 비난하는 셈이다. 종종 휴식을 취하고 에너지를 충전해야 자신도 모르게 스스로를 괴롭히는 일이 생기지 않는다.

불평과 잔소리가 많아지는가

불평과 잔소리도 의사소통의 방식이 될 수 있다. 그것은 '내 욕구가 충족되지 않았는데 네가 그걸 알아주지 않고 있어'라는 암호일 때가 많다. 다르게 말하면 '내가 지금 힘들다는 걸 눈치채게 하고 싶지 않지만 네가 신호를 알아채지 못하니 다른 방법으로 내 불행함을 알려야겠어'와 같다. 그래서 정말로 해야 할 말은 "도움이 필요해"나 "휴식이 필요해"인데도 "옷이 널브러져 있다"거나 "그릇이 쌓여 있다"고 불평한다. 자신이나 다른 사람이 불평할 때는 그 원인이 무엇인지 질문하고 답에 귀를 기울여라.

신체나 정신적인 증상은 어떨까

자신에게 관심을 기울이지 않으면 몸과 마음이 여러 가지 반응을 일으킬 수 있다. 자신에게 어떤 반응이 나타나는지 눈여겨보라. 어깨가 당기거나, 자주 한숨이 나오거나, 두통이 심하거나, 뱃속이 꼬이고, 불면증에 시달리고, 눈물이 나거나, 분노가 폭발하거나, 폭식하거나, 입맛이 없지 않은가? 이런 반응 자체가 나쁜 것이 아님을 기억해야 한다. 이런 증상이 나타나는 이유는 당신에게 말을 하기 위해서다. 그 말이 무엇인지 찾아야 한다. 겉으로 나타난 증상 뒤에 진짜 문제가 숨어 있는 법이다.

균형을 이루는 7가지 단계

미국 출신의 유명한 현대 무용가인 마사 그레이엄은 이렇게 말했다.
"나는 삶은 연습을 통해 배운다고 믿는다. 연습을 통해 무용을 배우는 것처럼 삶도 사는 연습을 통해 배운다. 삶과 무용의 원리는 똑같다.”

다음은 당신이 자신에 대해 배운 것을 행동으로 옮겨, 크고 작은 방법으로 자신을 존중하는 연습을 하는 일곱 가지 단계다. 다음 내용은 이 책에서 소개하는 모든 ‘진실의 말’과 함께 선언문으로 활용할 수 있다. 속으로 또는 소리 내어 말함으로써 잘못된 믿음에서 벗어나 자신을 존중하는 새로운 믿음을 가지자.

자신의 감정과 접촉하라

당신이 자신의 요구를 만족시켜 주지 못하는 이유는 자신이 무엇을 느끼고 원하며 필요로 하는지 모르기 때문일 수 있다. 매일 자신에게 이렇게 물어보라.

‘지금 내가 느끼는 감정은 어떠한가?’

‘지금 내게 가장 필요한 것은 무엇인가?’

‘무엇이 내게 기쁨과 평화를 가져다줄 수 있는가?’

너무도 사소한 질문들이다. 하지만 매일 마음속으로 혹은 소리 내어 말해 보면 엄청난 변화가 생길 것이다. 당신이 자신을 존중하는 행동을 할 때마다 당신이 스스로 그럴 만한 가치가 있다고 여기며, 어떤 대접을 받아야 한다고 생각하는지 다른 사람에게도 신호를 보낼 수 있다.

둘 중 하나라는 사고방식을 버려라

둘 중 하나라는 생각으로 기울 때마다 자신을 붙잡아야 한다.

'지금 당장은 이 상황을 처리해야 하니까 내 자신을 생각할 겨를이 없어. 그와 나 둘 중에서 선택해야 해. 나는 그를 내버려둘 수 없어.'

안타깝게도 이렇게 둘 중 하나라고 생각할 때는 자신의 욕구를 옆으로 제쳐 두는 경우가 많다. 따라서 둘 중 하나라는 생각이 엄습할 때마다 자신에게 이렇게 말하라.

'내게는 내 자신을 위할 권리와 의무가 있어!'

'내가 뭔가를 필요로 할 때는 받아야 해!'

예방책을 취하라

베푸는 것과 받는 것의 균형이 깨지기 전에 행동해야 한다. 일주일에 한 번씩 두통이나 요통, 어깨 통증이 나타난다면 자신을 돌볼 방법을 찾아야 한다. 잠깐 동안 스트레칭을 하거나, 휴식을 취하거나, 운동을 하거나, 마사지를 하라. 이렇게 꼬박꼬박 자신을 돌볼 시간을 가져야 한다. 잊어버리지 않도록 달력에 메모해 두자.

내 전체를 확인하는 것도 잊지 말자

누구나 신체적, 정서적, 정신적, 영적 욕구가 있다. 따라서 자신을 돌아볼 때는 네 가지 측면을 모두 평가하고, '지금 내 어떤 부분이 관심을 필요로 하는가?' 라는 질문을 떠올려야 한다.

정신적으로 약해졌다면 친구와의 대화에서 힘을 얻을 수 있다. 몸이 피곤하다면 휴식이나 운동이 필요할 것이다. 지루하다면 새로운 이벤트에 참가하거나, 취미 활동을 하거나, 마음이 행복해지는 강연을 듣거나 해서 자극이나 도전을 찾으려 할 것이다. 그리고 인생이 허무하고 인생의 의미를 잃어버렸다면 영혼과 다시 이어지는 데 도움이 될 만한 일을 할 것이다. 당신의 어느 부분에 재충전과 돌봄이 필요한지 찾아보자.

자신의 성취를 축하하는 것도 잊지 말아야 한다

크든 작든 어떤 일이나 목표를 이루어 냈을 때는 기운을 북돋워 주는 즐거운 일로 자신에게 상을 주어야 한다. 좋아하는 영화를 보거나, 자신을 위해 꽃을 사거나, 연극이나 음악회를 보러 가거나 하는 등 작은 상이라도 자신을 소중하게 여기는 데 도움이 된다. 이는 자신에게 관심을 기울이고 힘의 원천을 보충하는 훈련도 된다.

차근차근 단계를 밟아 가는 것도 중요하다

나 자신에게 베풀고 받는 것이 어렵게만 느껴진다면 아주 작은 단계부터 시작하자. 나는 경제적으로 힘든 시기를 겪을 때 차근차근 작은 단계를 밟은 덕분에 벗어날 수 있었다. 당시 나는 절대적으로 필요한 것이 아니면 돈을 쓰지 않았고 내 자신을 몹시 인색하게 대했다. 세상도 그런 딱딱한 내 방식에 따라 돌아가는 듯 삶이 팍팍하기만 했다.

그런데 맛있는 간식이나 새 옷 등에 돈을 쓰기 시작하자 변화가 찾아왔고 내 인생에 더 많은 돈이 흘러 들어오는 듯했다. 정말로 바뀐 것은 내 태도였다. 나는 나 자신에게 인색하게 굴었기 때문에 결과적으로는 내가 그런 대접을 받고 싶고 그런 세상에서 살고 싶다는 선언이 된 것이었다. 나에게 베풀기 시작하면서 내가 살고 싶은 세상의 모습도 바뀌었다. 당신이 살고 싶은 세상 안에서 살기 위해 꾸준히 밟아 나갈 수 있는 작은 단계는 무엇인가?

나 자신을 칭찬하고 칭찬을 기꺼이 받아들여라

혹시 당신은 주위 사람들이 하는 칭찬의 말에 "아무것도 아닌데 뭘……"이라고 말하거나 생각하지 못한 선물을 받고 "이럴 필요까지는 없는데……"라고 말하는 버릇이 있는가?

남이 주는 칭찬이나 선물을 받지 못하면 자신은 물론 그들에게도

스스로를 받을 가치가 없는 사람이라고 여긴다고 말하는 것과 같
다. 주변 사람들의 칭찬이나 선물을 쉽게 받아들이지 못한다면 세
상이 당신에게 선사하는 풍요로움과 선물, 위대한 인간관계에는
어떻게 반응할 것인가? 그때도 "이럴 필요는 없는데……"라고 말
할 텐가, 아니면 "고마워! 정말 기쁘고 감사해! 더 많이 받을 준비
가 되어 있어!"라고 말할 것인가?

행복은 내 안에서 시작한다

"개미 때문에 너무 힘들어요"

"질문 있어요!"

명상을 하려고 동그랗게 둘러앉은 사람들 중 젊은 여자가 얼굴로 내려온 머리카락을 옆으로 쓸어 올리면서 말했다. 그녀의 남자 친구가 그녀 옆에서 고개를 끄덕이자 그녀는 용기를 내어 말을 꺼냈다.

"흰개미에 관한 거예요."

그때 나는 남편과 캘리포니아 북부를 여행 중이었는데, 남편의 숙부에게 초대를 받아 주중에 한 번씩 열린다는 명상 모임에 참석

했다. 모임에는 열두 명 정도의 사람이 모였다. 커플도 있고, 싱글도 있고, 각자 다양한 삶을 살고 있는 이들이 명상 지도자의 곁에 동그랗게 둘러앉았다. 명상이 끝나고 서로 이야기를 나눌 수 있는 시간이 주어졌다.

모두가 귀 기울이는 가운데 그녀의 이야기가 계속 되었다.

"저희는 지금 위기에 직면해 있어요. 모든 생명에 연민을 가져야 하고 해를 끼쳐서는 안 된다는 건 잘 알고 있어요. 그런데 저희 집에 흰개미들이 퍼졌는데, 도무지 어떻게 해야 할지 모르겠어요. 무작정 죽여서는 안 될 것 같은 생각이 들어요."

존이라는 이름의 명상 지도자는 잠시 침묵에 잠기더니 이렇게 물었다.

"흰개미를 박멸하지 않으면 어떤 일이 생기죠?"

그녀만큼이나 혼란스러워 보이는 그녀의 남자친구가 대신 대답했다.

"집 전체를 망가뜨릴 겁니다. 집이 무너져 내리고 말 거예요. 그 집에서 살 수 없을 거고 팔리지도 않겠죠. 흰개미들이 이웃집까지 망가뜨릴 거고요."

존은 생명을 보호하고, 살아 있는 모든 것들에 해를 끼치지 않는 것이 이상적이지만, 상식이나 현실성을 버려야 한다는 뜻은 아니라고 설명했다. 그러고 나서 그는 훌륭한 스승들이 으레 하는 것처럼 이렇게 물었다.

"만약 누군가 여러분의 아내를 강간하거나 남편을 해하거나 아이를 납치하려고 한다면 여러분은 가만히 있겠습니까? 살인자가 집에 쳐들어왔을 때 막으려는 행동을 취하지 않는 것은 가족의 생명을 보호하는 것인가요, 아니면 그 무엇도 해하면 안 된다는 신조를 지키는 일인가요? 수많은 사람을 죽일 수 있는 병균을 옮기는 벌레를 죽이는 것은 공동체를 보호하기 위해 옳은 일일까요? 흰개미가 여러분의 집을 망가뜨린다면, 여러분은 누구의 생명을 희생하고 누구의 생명을 지키겠습니까? 우리는 모두 이 질문에 답할 수 있어야 합니다."

흰개미를 박멸할지 결정하는 과정이 과장된 예처럼 보일 수도 있지만, 그것은 누구나 마주하는 여러 난관과 비슷하다. 살면서 이런 질문을 떠올린 적이 있는가?

- 나 자신을 희생하는 것이 올바른 일인가, 아니면 내게 가장 중요한 것을 위태롭게 만들고 있는 중인가?
- 자신을 희생해 이 사람을 돕는 것이 결과적으로 그를 억누르고 나 자신마저 억누르는 일이 되지 않을까?
- 어디서부터 선을 그어야 할까?

한때 내 이웃에 살았던 수잔은 자신과 아들의 행복이 이 마지막 질문의 답에 달려 있음을 깨달았다.

누구도 아닌 내게 귀 기울일 때

싱글 맘인 수잔에게 희생은 당연했다. 그녀는 베푸는 것이 참된 인생에 이르는 길이라고, 자신이 충분히 베푼다면 모든 것이 잘되리라고 믿었다. 그녀의 아들 제이크는 어렸을 때부터 내성적이었고 사람들과 잘 어울리지 못했는데, 20대 초반까지도 변함이 없었다. 아들은 집을 떠나 독립하고 싶어 하지 않았고, 한 가지 직업을 오래 이어가지도 못했으며, 이따금씩 폭력적으로 분노를 폭발하기까지 했다.

아들에 대한 근심이 커진 그녀는 자신이 집에서 일하면 아들을 내내 보살필 수 있고 좀더 신경을 써 줄 수 있으니 도움이 될 거라고 생각했다. 그러나 그녀의 희생에도 불구하고 아들의 상태는 전혀 나아지지 않았다.

그녀는 마침내 전문가의 도움을 구했고, 엄청난 변화가 필요하다는 사실을 깨달았다. 그녀는 아들에게 공동생활 가정에서 지내 볼 것을 권유했다. 그녀가 방문할 수 있는 거리에 위치한 곳이었고, 아들은 마지못해 그러기로 했다. 서로 떨어져 지내기로 한 그 작은 행동이 어머니와 아들 모두에게 변화의 촉매제가 되었다. 몇 달 후 두 사람의 생활은 몰라보게 좋아졌다.

나중에 아들이 올바른 환경에서 엄청난 발전을 보였을 때, 그녀는 내게 말했다.

"나는 아들의 목발이었어요."

그녀는 자식을 편안하게 해주는 것이 언제나 최선의 답은 아님을 알게 되었다고 했다. 아들에게 무조건적인 사랑을 주는 것이 올바른 일일 때도 있지만, 그 시기가 언제까지나 지속되지는 않는다. 그녀는 아들에게 많은 것을 주려면 더 적게 줄 필요가 있다는 사실을 깨달았다. 모순을 받아들이는 법을 배운 것이다.

그녀는 아들과의 사이에 정해진 새로운 경계 덕분에 자신의 삶을 돌아볼 여유가 생겼다. '희생은 언제나 옳다'라는 잘못된 믿음 때문에 자신의 인생이 정체되고 있었음을 알게 되었다. 자신의 삶에 관심을 기울일 여유가 생긴 그녀는 자신이 현재 하고 있는 일이 만족스럽지 않다는 사실을 깨달았다. 사는 지역도 마음에 들지 않았고 환경을 바꿀 필요성이 간절했다.

아들이 새로운 환경에서 안전하게 지낸다는 확신이 생기자 그녀는 새로 이사할 곳을 찾아보기 시작했다. 5개월 후, 그녀는 이사 채비를 모두 갖추었다. 작별 인사를 하기 위해 나와 만난 그녀는 그 어느 때보다 활기차고 행복해 보였다.

> ● 잘못된 믿음
>   '사랑하는 사람들을 위해서는 나를 희생하면서라도 도움을 주어야 해.'
>
> ● 진실의 말
>   '더 많이 주기 위해서는 덜 주어야 할 때도 있다!'

전설적인 경영 전문가 피터 드러커는 95세 때인 2005년, 《포브스》와의 인터뷰에서 경계에 대해 언급했다. 그는 리더에게 "아니오"라고 말하는 것이 얼마나 중요한 문제인지 강조했다.

"당신이 무엇을 하고 있는지 말하지 말고, 당신이 더 이상 무엇을 하지 않는지 말하라."

그는 "언제나 예라고 말하는 리더가 인기는 있지만 아무것도 추진할 수 없다"고 덧붙였다. 그는 리더들에게 한 번에 두 가지 이상의 우선순위를 가지지 말라고 조언했고, 사람들이 잘하지 못하는 위임의 중요성을 설파했다.

"당신이 전문가가 아니라면 전문가가 되려고 하지 마라. 당신의 강점을 더욱 발전시키고, 다른 필수적인 업무를 처리할 유능한 사람을 찾아라.”

직장이나 공동체, 가정 그리고 가장 중요한 영역인 자아의 영역에서 누구나 모두 리더다. 당신은 당신의 삶을 이끌어 가는 주인공이다. 비즈니스에서든 일상생활에서든 당신은 주어진 자원을 어떻게 활용할지 선택한다. 당신이 가진 가장 소중한 자원은 당신의 시간과 에너지, 그리고 관심이다. 그 자원으로 무엇을 할지 선택하느냐로 당신의 성공과 생존이 달라진다.

성공한 기업가들과 마찬가지로 당신은 올바른 양의 자원을 당신 자신에게 다시 투자해야 한다. 당신은 남을 돕고 그들에게 베푸는 것뿐만 아니라 자신의 인생을 움직이게 만드는 내면에 계속 힘을 공급하는가? 아니면 힘이 소진될 때까지 자신을 혹사하는가? 한꺼번에 너무 많은 것을 하려고 하면 숨이 막혀, 드러커가 말한 대로 모든 것에 “예”라고 말하는 것이 최선이라고 생각하게 된다. 그런 생각에 굴복하게 된다. 건전한 경계는 선택이 아니라 필수다.

베푼다고 다 좋은 건 아니다

건전한 경계를 긋는 행동은 인상적인 변화 그 이상의 의미를 가진다. 적절한 경계를 정하고 자신을 돌보면 실제로 몸이 건강해질 수 있다. 이를 증명하는 연구 결과들도 계속 나오고 있다.

베풂과 받음의 흐름이 균형을 이루지 못할 때 나타나는 만성 스트레스는 건강과 직접적으로 관련 있다. 한 연구에서는 만성 스트레스에 시달리거나 스트레스가 심하다고 여기는 여성들의 경우 면역 세포 안의 말단 소체가 심각하게 노화된 것으로 나타났다. 말단 소체는 DNA 염색체의 맨 끝부분에 해당하는 영역이다.

드렉셀 대학 의과대의 데니스 노박 교수는 "이는 몸과 마음이 별개가 아님을 보여주는 매우 중요한 연구다. 우리 몸의 분자가 심리 환경에 반응하는 것이다"라고 말했다. 또 다른 연구에서는 스트레스와 무력감, 절망감, 억눌린 감정이 암의 발병이나 진행과 연관이 있는 것으로 나타났다. 적정한 경계를 정해 그 경계를 넘기 전에 자신의 내면에 에너지를 다시 채워 넣지 않거나, 자신의 욕구를 표현하지 않고 억누르기만 한다면 몸을 위험에 빠뜨릴 수 있다.

그렇다면 베푸는 것은 건강에 해로운가?

- 내면의 요구를 명백하게 알면서 그 요구를 충족시키는 데 방해가 된다면 그렇다.
- 남에게 즐거운 마음으로 충분하게 베푸는 데 방해가 된다면

역시 그렇다.

- 다른 사람의 성장은 물론 자신의 성장에도 방해가 된다면 건
강에 해로울 수 있다.

남에게는 너무 많이 베풀고 자신에게는 그렇지 않으면 당신의
인생에 주어진 가장 본질적인 임무인, 자신을 발견하는 데 방해가
될 수 있다. 캐롤 피어슨은 그의 저서인 《내 안에는 6개의 얼굴이
숨어 있다》에서 전통적으로 여성의 역할이 양육과 깊이 연관되어
있기 때문에 "남편이나 아버지, 어머니, 자녀들 또는 친구들에게
해가 될까봐 두려워 자신만의 여정을 포기하는 경향이 있다"고 말
했다.

여기에서 '자신만의 여정'이란 자신의 영향력 내에서 자신만이
수행할 수 있는 일을 찾는 내면의 탐구를 의미한다. 그는 남편도
마찬가지로 연약한 아내를 보호해야 한다고 생각할 때 그 여정을
거부할 수 있다고 말한다.

희생이 사랑하는 사람을 돕는 길이라는 생각은 명백한 착각이
다. 자신만의 길을 희생하거나 다른 사람에 의해 억눌리도록 내버
려둔다면 그들을 돕기는커녕 상처만 입히는 꼴이 되고 만다.

그는 "여성이 남성의 영혼에 저지를 수 있는 최악의 행동은 그
가 자신을 억압하도록 내버려두는 것이다"라고 말하며, 다른 사람

의 의존적인 행동을 부추김으로써 결국 그들의 독립적이어야 할 자아를 망친다고 설명했다.

마찬가지로 남편이 아내를 보호해 주어야 한다는 생각에만 빠져 자신의 욕구를 억누른다면 "아내의 강하고 현명한 자아가 자신은 물론 남편의 성장을 원하는데도 아내의 욕구마저 눌러 더욱 무능력하게 만드는 꼴이 된다"고 지적했다.

희생이 언제나 옳다는 잘못된 믿음의 이면에는 남을 위해 무조건 희생하지 않으면 그들이 도움을 필요로 할 때 나 몰라라 할 것이라는 오해가 존재한다. 그러나 사실은 그 반대다. 다른 사람을 위한 희생은 그들의 성장을 방해하고 당신의 성장에도 방해가 될 수 있다.

● 잘못된 믿음
'남이 도움을 필요로 하면 나는 그들을 위해 희생해야만 해. 희생은 언제나 옳은 일이야.'

● 진실의 말
'희생은 내가 돕는다고 생각하는 이들에게 오히려 방해가 될 수 있어. 내 자신에게 진실해지는 건 그들도 자신에게 진실해지는 일이야.'

베푸는 것은 상황과 타이밍에 따라 약이 될 수도 독이 될 수도 있으며, 상대방을 성장시킬 수도 무능하게 만들 수도 있다. 희생이 언제나 옳은 것이라는 잘못된 믿음을 버리고, 균형 잡힌 새로운 믿음을 배우자. 당신 자신에게 진실되게 행동하는 것이 남들이 당신에게 진실할 수 있도록 돕는 것이다.

자신이 성장하도록 경계를 정하면 다른 사람의 성장도 도울 수 있다.

'좋은 사람'이 되려고 애쓰지 마라

흔히 희생이 변명거리가 되어 준다는 이유에서 잠재의식 속에서는 극단적인 자기희생을 환영하기도 한다. 남을 위한 희생은 자신의 인생에 책임을 다하지 않는 것에 대한 변명거리가 될 수 있다. 자신을 존중하거나, 우선순위의 가장 상위에 자신을 올려놓을 때 생기는 대립을 피할 수 있는 방편이 되기 때문이다. 때로는 누군가가 자신을 간절하게 필요로 하면, 그때 비로소 자신이 가치 있는 존재라고 여겨져 기분이 좋아지고, 그래서 희생에 중독되는 경우도 있다.

그러나 희생에는 대가가 따르게 마련이다. 희생이라는 가면을 쓰고 있으면 세상에 내보이는 자신의 얼굴이, 특히 자기 자신에게 보이는 얼굴이 자신의 진짜 모습이 아니라는 사실을 잊어버린다. 내면의 에너지가 고갈된 것을 숨긴 채 겉으로는 더더욱 바쁘게 지내기 때문에 자신의 진정한 모습을 희생이라는 가면 뒤에 숨길 수 있다.

물론 진심에서 우러나오는 희생은 동서고금의 미덕이다. 그러나 두려움을 마주하지 않고 미래를 생각하지 않으려는 방편으로 활용하는 희생은 현실 회피일 뿐이다.

이는 '내 인생'이라는 연극에서 주연이 아닌 조연을 맡겠다고 자청하는 것이나 마찬가지다. 마땅히 당신이 운전해야 하는 차의 운전석에 앉지 않고, 남에게 운전대를 맡긴 채 뒷좌석에 앉아 멀고 울퉁불퉁한 길을 가는 것과 같다. 이런 행동은 자신의 선택권을 남에게 주는 것이다. 스스로 선택하는 것이야말로 자기 존중의 기초인데도 말이다.

희생이 최선인 것처럼 보일 때도 있다. 남에게 모든 선택을 맡겨 버리는 것이 편하게 느껴지기도 한다. 일이 잘못 되어도 "내 잘못이 아니야"라고 말할 수 있기 때문이다. 자신의 인생에서 벌어진 일을 남 탓하고 싶어지기도 한다.

누군가를 탓하고 싶더라도 부끄러워하지 말자. 대신 그것을 당신을 일깨워 주러 온 메신저라 생각하고 성장에 활용하자.

이미 벌어진 어떤 일에 남 탓하는 사람은 자신 말고 외부 요소가 자신의 인생을 좌우한다는 잘못된 믿음에 빠져 있다. 다른 사람이 당신의 에너지를 채워 주고 문제를 바로잡아 줄 책임이 있다고 말이다. 이는 절대로 사실이 아니다.

삶의 균형을 되찾는 일이 자신의 일이 아니라고 생각하면 가만히 앉아 누군가 자신을 구해 주기만을 기다리게 된다. 남들이 당신 내면의 에너지를 채워 주는 것은 아니다. 당신이 직접 그 일을 해야 하고, 누군가의 허락도 필요하지 않다. 언제 휴식을 취해야 하고, 좋아하는 음악을 듣고, 주말여행을 떠나고, 자신에게 맞지 않는 직장이나 인간관계를 정리해야 할지는 당신 자신만이 알 수 있다.

남을 탓하는 것은 스스로 무기력한 희생양 역할을 자청하는 것이고, 당신이 가진 가장 중요한 힘과 권리인 선택과 자유를 포기하는 것이다. 당신이 현재 어떤 상황에 처해 있고 과거에 어떤 일이 당신에게 일어났건, 당신에게는 언제나 새로운 선택을 할 수 있는 힘이 있다.

지금 당장 '좋은 사람'이 되어야 한다는 강박관념을 버려라. 그리고 지금 바로 시작하자!

그동안 이렇게 외쳤던 이들이 있을 것이다.

"세상은 불공평해. 왜 나한테만 그래? 어떻게 나한테 이럴 수
있지? 도대체 왜 그러는 거야? 어떻게 해야 그들을 바꿔 내가 필
요한 것을 얻을 수 있을까?"

이제는 그동안의 잘못된 믿음을 이렇게 바꾸어 보자.

"내 선택과 행동, 태도가 이후의 내 인생을 좌우해. 내게는 언제
나 새롭고 더 숭고한 선택을 내릴 수 있는 힘이 있어. 내 행복은 남
이 아닌 내 행동에 달려 있으니까."

일흔의 나이에 그림을 그리기 시작해 101세에 세상을 떠난 안
나 모제스. 그녀는 모제스 할머니라는 애칭으로 불리며 미국의 국
민 화가가 되었다. 그녀는 선택에 대해 이렇게 말했다.

"그림을 시작하지 않았다면 아마 닭을 길렀겠지요. 인생은 언

제나 선택의 연속이고, 그 인생을 만들어 가는 것은 내 자신입니다. 과거에도 그랬고, 앞으로도 언제나 그럴 겁니다."

행복하려면 이기주의자가 되어라

희생을 버거운 의무라고 불평하면서도 습관적으로 희생 뒤에 숨는 데는 또 다른 중요한 이유가 있다. 사람들은 자신의 기본적인 의무를 위해 사용할 시간이 없도록 자신의 온 시간을 남에게 베푸는 데 다 써 버린다. 하지만 가장 기본적인 의무는 자신에게 최선을 다하는 것이다.

사람들은 왜 자신을 위한 영혼의 여정을 회피하려고 할까? 두렵기 때문이다. 인생의 진정한 열정과 마주한다면 그동안 익숙해져 버린 조건이 급격하게 바뀔까 겁낸다. 이사를 할 수도 있고, 어떤 사람과의 관계를 포기해야 할 수도 있으며, 새로운 커리어를 시작해야 할 수도 있기 때문이다. 인생의 새로운 전환점으로 뛰어들었더니 예상과 달리 자신의 능력이 너무 부족하다고 느끼거나, 인생의 소명을 받아들이고도 사람들로부터 거절당할까봐 두려워한다. 그런 두려움을 느끼는 것은 당연하다.

우리는 희생의 영역에서 또 다른 모순을 마주한다.

희생은 '가장 위대한 나'를 베풀 수 있는 방법인 동시에 '가장 위대한 나'를 숨기는 방법이기도 하다. 다시 말하면 희생은 이기심의 완벽한 본보기인 것이다.

사람은 누구나 사회적 특징이라는 선물을 가지고 태어나며, 살면서 그것을 발전시키고 다른 사람과 공유해야만 한다. 어떤 의무를 자신의 재능을 발전시키지 않고 주어진 선물을 나누어주지 않는 핑계로 삼는다면 희생은 이기심이 될 뿐이다. 남에게 베풀기 위해, 태어날 때부터 주어진 선물을 나누어주지 않는 것이기 때문이다.

당신이 그 모험을 계속 미룬다면 당신의 선물을 받기를 기다리고 있는 이들을 속이는 일이 된다. 세상을 위해 할 수 있는 가장 좋은 일은 희생 뒤에 숨는 것이 아니다. 지금 이 순간 자신이 채울 수 있는 가장 숭고한 역할을 시작하는 것이 진정한 희생이다.

왜 적절한 선을 긋지 못하는지 이유를 찾는 것은 쉽지도 않고 몹시 불편한 일이다. 하지만 그럴 만한 가치가 있다. 자신의 증상에 대한 근본적인 문제를 파고들어야만 진정으로 치유될 수 있다. 자신에게는 베풀지 않고 남에게만 베푸는 이유를 찾으려면 우선 이 사실부터 고려해 보자.

어떤 일을 피하려고 하는 것은 그에 따른 두려움 때문이다. 선을 긋거나 희생을 하지 않을 경우 다음과 같은 일이 일어날까 두려운가?

- "아니오"라고 말하면 상대방이 불행해질까 두렵다.
- 남을 행복하게 만들어 주는 것이 내 의무라고 생각한다.
- 남이 원하는 대로 해주지 않으면 그들에게 거절당할까 두렵기만 하다.
- 남에게 사랑받으려면 그들이 원하는 대로 해주어야 한다고 생각한다.

물론 그렇게 믿는 데는 그럴 만한 이유가 있다. 아마 어렸을 때 다른 사람의 못마땅함이나 비난을 받는 고통이나 심하게는 공격의 위협을 피하기 위해서 그들을 만족시켜 주어야 한다고 배웠을 것이다. 또는 그런 행동을 기대하거나 칭찬하는 분위기 속에서 자랐을 수도 있다. 잘못되고 있다는 내면으로부터 알림이 계속 있더라도 아무런 의심 없이 습관대로 행동한다면 점차 삶의 의욕이 사라질 것이다.

자신보다 남을 우선시하는 이유가 무엇인지, 자신의 내면을 탐구해 보는 것을 두려워하지 말자. 자신이 희생에 중독된 이유를 알아야 잘못된 믿음을 없애고 예전과는 다른 반응을 보일 수 있다. 또한 어떻게 손써 볼 수 없는 상황으로 번지기 전에 자신을 추스를 수도 있다.

자신의 욕구에 충실해도 괜찮다고 스스로에게 다짐시키자. 당신은 자신만의 견해로 자신의 권리를 보호하고 스스로 결정을 내릴 자격이 있다. 독단적이지 않으면서 당신에게 도움을 주려는 이들을 곁에 두는 것은 당신의 선택이다. 당신은 당신의 생각에 관심을 기울이고 당신을 억압하지 않는 사람들과 함께 할 자격이 있다. 한마디로 당신은 당신 자신을 존중할 수 있다.

견제와 균형의 지혜

베풂과 받음의 균형을 맞추려면 우선 관점의 변화가 절실하다. 베풂과 받음, 선을 긋는 것과 선을 없애는 것, 자신을 존중하는 것과 남을 존중하는 것, 이것들은 정반대가 아니라 상호보완적이다. 이것들의 움직임을 유심히 살펴볼수록 선을 그어야 할 때와 그 선을 무너뜨려야 할 때를 제대로 감지할 수 있다.

유대교의 전통 신비주의를 뜻하는 카발라에서는 베풂과 받음의 모순에 따라 말하고 행동하는 것이 삶의 자연스럽고 창조적인 긴장감의 일부라고 말한다. 카발라에는 세상이 창조되고 돌아가는 원리를 나타내는 생명나무라는 개념이 존재하는데, 그 나무에 모순이 스며들어 있다.

생명나무는 열 가지 세피로트로 이루어진다. 세피로트는 인간을 비롯해 신성한 세계와 만물에 존재하는 전형적인 힘 또는 속성을 뜻한다. 이 세피로트 중에는 정반대이면서도 상호보완적인 한 쌍이자 견제 균형의 체계로 작용하는 것들이 있다. 각각의 한 쌍은 서로 통제 불능 상태가 되지 않도록 역동적인 긴장 상태에 놓여 있어야만 한다.

헤세드와 게브라 역시 세피로트 중 하나다. 이 한 쌍은 우리에게 경계와 균형에 관해 많은 가르침을 준다.

헤세드는 사랑과 친절, 인정, 확장의 힘을 상징한다. 우리는 사랑과 자비, 개방성을 긍정적인 속성으로 받아들인다. 그러나 카발라의 현인들은 애정이 담긴 친절함이라도 도가 지나치면 균형이 깨질 수 있다고 보았다. 자비와 사랑 같은 너그러운 특성이라도 그것의 균형을 지켜 줄 틀이나 용기가 없다면 억제되지 않은 폭포수와 마찬가지라고 비유했다.

아이디어와 에너지가 넘치는 사람이 실제로는 아무것도 이루지 못하는 경우를 본 적이 있을 것이다. 그런 부류의 사람들은 규율이나 시스템이 없기 때문에 한 가지에 집중하지 못하고 자신의 뛰어난 재능을 현실로 옮기는 데 실패하는 경우가 많다.

자비와 개방은 확장적인 속성 때문에 멀리까지 퍼져 나갈 수 있다. 그러므로 어디까지 베풀지 스스로 한계를 정해야 한다. 우리에게는 게브라가 필요하다. 게브라는 정의, 심판 그리고 세상과 내면의 힘을 상징한다. 그것은 규율과 식별뿐만 아니라 구조와 경계를 제공한다.

확장 에너지에 한계와 경계가 필요한 것처럼 그 반대의 경우도 중요하다. 경계와 구조가 너무 많으면 한쪽으로 치우칠 수 있다. 법만 따르고 정의는 거들떠보지 않는 딱딱한 구조와 사고방식은 너그럽고 창조적인 마음을 차단해 버린다. 구조와 규칙을 지나치게 강조하면 균형을 유지하기 위해 가장 필요한 것이 배제될 수도 있다.

셰익스피어의 희곡 《베니스의 상인》에도 경계와 개방, 관용과 억제의 균형이 잡혀야 할 필요성이 잘 나타나 있다. 지혜로운 여인 포르티아가 "세속의 권력이 마치 신의 힘처럼 보일 때는 정의를 자비로 양념했을 때라오"라고 조언하는 장면이 바로 그렇다.

지름길은 마음속에 있다

그렇다면 때로 자비와 심판, 개방과 구조라는 상호보완적인 힘이 내면이나 주변에서 전쟁을 벌일 때는 어떻게 중재해야 할까?

다른 지혜의 가르침과 마찬가지로 카발라에서도 해결책은 내면에서 우러나온다고 가르친다. 카발라에서 가슴속 내면을 가리키는 또 다른 기본적인 속성은 티페레트다. 티페레트는 아름다움을 상징하며, 통합하고 조정하는 역할을 한다.

세계의 여러 전통에는 내면의 지혜에 관한 날카로운 교훈이 가득하다. 우리는 인류의 위대한 스승들에게서 어떤 상황에서든 내면의 소리에 귀 기울이면 올바른 방향으로 나아갈 수 있다고 배운다. 고대 힌두교 경전 《브리하다라냐카 우파니샤드》에서 현인 야지나발키야는 "진실은 어디에 자리하고 있습니까?"라는 질문에 "가슴속에 있다. 인간은 자신의 내면을 통해 진실을 알기 때문이다"라고 답한다. 우리가 내면의 소리에 귀 기울인다면 언제 경계를 유지하고 언제 버려야 할지 저절로 알 수 있을 것이다.

유대교의 경건주의를 가리키는 하디시즘에는 법칙과 기대만을 완고하게 따르면 가슴에서 우러나와 베푸는 역량이 막힐 수 있음을 보여주는 일화가 있다.

존경 받는 랍비가 매주 친구, 제자들과 안식일을 기념하는 식사를 했다. 그런 어느 날, 새로운 손님이 찾아왔다. 한창 식사를 즐기고 있던 이들 모두가 깔끔하지 못한 옷차림에 천해 보이는 그를 보고 얼굴을 찌푸렸다. 그는 랍비에게 조금의 존경심도 보이지 않은 채 주머니에서 커다란 무를 꺼내 우걱우걱 씹어 먹기 시작했다. 그런데 랍비는 손님의 행동에 조금도 개의치 않는 듯했다.

보다 못한 랍비의 제자 중 한 명이 그 불청객을 혼내 주려고 하자 랍비가 끼어들어 말했다.

"이 멋진 음식에 어울리는 크고 맛 좋은 무를 먹었으면 좋겠구나."

불청객은 그 말을 듣고 주머니에서 무를 하나 더 꺼내 랍비에게 건넸고, 랍비는 환한 미소를 지으며 불청객의 친절함에 고마워했다.

단순한 일화지만 여기에는 여러 가지 의미가 들어 있다. 이 이야기는 우리가 자신이나 다른 사람의 행동을 비판하려고 할 때는 스스로 세운 경계를 허물고 내면에서 우러나오는 빛을 쬘 필요가 있음을 말해 준다.

누구나 균형이 무너져 통제할 수 없는 상황과 맞닥뜨린다. 그럴 때는 자신의 중심으로 돌아가 자신과 다른 사람을 존중해야 한다. 창조적인 해결책은 내면에서 우러나오기 때문이다.

뿐만 아니라 자신이 내면의 중심으로 들어갈수록 주변 사람들 역시 중심으로 끌어당길 수 있다. 비록 그들이 계속 입장을 굽히지 않더라도 당신이 중심에 머물러 있으면 어떻게 해야 할지 분명하게 알 수 있다.

동양 철학을 해석한 20세기 대표적인 서양 학자인 앨런 와츠는 선(禪)의 명상과 인생의 유사점을 언급하면서 중심에 관해 설명한 적이 있다. 그는 각종 무술에서 중심에 머무르라고 가르치는 것과 똑같은 이유에서 가슴으로 사는 것이 현명하다고 말했다.

"무언가가 특정한 방향으로 나오기를 바란다면 당신도 그 위치에서 미리 준비하고 있어야 한다. 만약 그것이 생각과는 다른 방향에서 나오고 당신이 에너지의 위치를 재구성하려고 하면 이미 때는 늦다. 따라서 어느 방향으로든 움직일 수 있도록 항상 중심에 머물러라."

나는 예전에 직장에서 규모가 큰 부서를 감독하는 임무를 맡아 실무에 많은 관심을 쏟아야 했다. 그때 중심을 찾는 것이 큰 도움이 된다는 사실을 체험했다. 팀을 관리하는 것이 내 역할이었지만 생산성을 책임지는 것 또한 내 일이었다. 살인적인 스케줄과 막중한 책임 때문에 생각만큼 동료들에게 관심을 쏟지 못하다 보니 때로는 일이 매끄럽게 처리되지 않을 때도 있었다.

일주일에 한두 번씩 사소한 실랑이가 벌어졌고, 결국은 점점 더 많은 시간을 투자해야 했으며, 압박감은 커져만 갔다. 스케줄이 제한되어 있고 좋은 관리자가 될 시간적인 여유가 부족하다고 생각하고 있었으니 문제가 생기지 않을 리 없었다. 나는 중심으로 돌아갈 방법을 찾아야만 했다.

처음에는 내가 희생양처럼 느껴졌지만 그런 관점은 문제 해결에 전혀 도움이 되지 않았다. 다른 사람들이 하루아침에 바뀌는 마법 같은 일이 일어나기를 바라지 말고 상황을 개선하기 위해 내가 할 수 있는 일에 집중하기로 했다. 그래서 나는 중심에서 상황을 바라보며 이렇게 자문했다.

'이 상황을 바꾸기 위해 내가 할 수 있는 일은 무엇인가?'

우선 내 사무실을 자세히 둘러보는 일부터 시작했다. 내 사무실에 들어오면 서류함과 컴퓨터 책상 뒤에 앉은 내 모습이 가장 먼저 보이니까 상대방은 냉대 받는 느낌이 들 터였다. 환영 혹은 친절과는 거리가 멀었다. 그래서 사람들이 들어오면서부터 내 모습을 분명하게 볼 수 있도록 실내를 바꾸었다. 우선 동료들이 들어와 앉거나 환영받는 기분이 들도록 내 책상 건너편에 의자를 놓아 두었다.

그리고 특별히 재능 있는 몇몇에게 좀더 관심을 쏟을 필요가 있다는 사실을 깨달았다. 그래서 적어도 일주일에 한 번씩 일이 잘 진행되고 있는지 미리 확인해 보기로 하고 달력에 표시를 해 두었다. 이렇게 경계를 허물어 버림으로써 나는 중심으로 다가갈 수 있었고 동료들 역시 마찬가지였다.

미국의 저명한 희극인 빌 코스비는 "나는 성공의 열쇠가 뭔지는 모르지만 실패의 열쇠는 안다. 모든 사람들을 만족시키려고 하는 것이 바로 실패의 열쇠다"라고 말했다.

희생은 꼭 필요할 때도 있지만 도가 지나치면 당신 자신은 물론 다른 사람에게 해를 끼칠 수 있다. 당신은 희생을 할 때 적정한 선을 그어 균형을 맞추고 있는가? 자신에게 중요한 것에 집중하고 자신에게 재투자하는가? 다음의 리트머스 테스트는 당신이 어느 부분에 조정이 필요한지 알려줄 것이다.

- 누군가 도움을 요청하거나 해결해야 할 문제가 생겼을 때 자동적으로 "예"라고 하는가? 아니면 필요에 따라 정중하지만 단호하게 선을 긋는가?
- 언제나 자신을 우선순위의 가장 나중에 두는가? 아니면 항상 자신이 원하고 필요로 하는 것을 확인하고 그것을 우선순위의 상단에 놓고 실행을 위한 일정을 짜는가?
- 타인이나 어떤 일 때문에 자신의 계획이 어긋나도 그냥 내버려 두는가? 아니면 자신에게 중요한 가치와 목표에 따라 스

스로 인생의 방향을 정하고 행동하는가?

- 친구나 소중한 사람들과 대화할 때 그들이 일방적으로 말을 독점하거나 결정을 내리고 그에 따르도록 하는 것을 허용하는가? 아니면 자신의 생각과 감정을 분명하게 표현하고 자신을 옹호할 줄 아는가?

- 다른 사람과 대립하느니 그냥 자신이 양보해 그들을 만족시켜 주는 쪽인가? 아니면 다른 사람이 싫어할 수 있더라도 그들의 부적절하며 해가 되는 행동에 맞서거나 오해를 바로 잡아 주는 쪽인가?

- 남에게 필요 이상으로 베풀어 그들이 스스로 해낼 기회를 없애 버리거나 자신만의 여정을 시작하지 못하도록 막지는 않는가? 아니면 남이 지나치게 당신에게 의존해 손해 보는 일이 없도록 적절하게 선을 긋는가?

- 남을 위해 모든 시간을 쏟아 부으면서 희생이라는 이름 뒤에 숨어 자신의 임무를 회피하고 있지는 않은가? 아니면 자신의 재능을 개발해 남에게 베푸는 것을 우선순위로 삼는가?

건강하게 선을 긋기 위한 7가지 단계

적정한 선을 그어 자신을 존중한다고 해서 다른 사람을 나 몰라라 내버려두는 것은 아니다. 유대교 하시드 랍비인 모세 레이브는 "매일 자신을 위해 단 한 시간도 가지지 않는 인간은 인간이라고 할 수 없다"라고 했다. 이 질문에 답해 보면 왜 좀더 선을 긋고 자신의 욕구를 존중해야 할 필요가 있는지 분명히 알 수 있을 것이다.

누구나 가끔씩 균형을 잃는다. 중요한 것은 균형이 깨졌다는 사실을 분명히 알아야만 재빨리 되찾을 수 있다는 점이다. 다음은 다른 사람과의 적정한 선을 긋기 힘들어하는 당신에게 절실한 방법이다.

작은 것부터 연습하라

선을 긋는 데 익숙하지 않다면 처음에는 불편하게 느껴질 수 있다. 그럴 때는 매일 작은 것부터 연습하라. 집중할 일이 있을 때 전화를 꺼 놓거나, 가족에게 저녁 준비나 심부름을 부탁하거나, 혼자 있고 싶다면 만나자는 친구의 말을 거절하라. 이렇게 작은 상황에서부터 적절한 선을 긋는 법을 배우면 더 큰 상황이 닥쳐도 좀더 쉽게 파악하고 대응할 수 있다.

자신의 욕구를 분명하게 표현하라

사람들 대부분이 상대방의 마음을 읽을 줄 모른다. 당신이 말하지 않는 이상 그들은 당신에게 무엇이 필요한지 모른다. 자신의 욕구를 구체적으로 표현하라. 애정을 담되 단호하게 자신의 감정을 말하고, 상대방의 잘못을 지적하지 말고 당신이 필요로 하는 것을 이야기하라. 선을 긋는 것이 남의 잘못을 지적해야만 하는 것이 아니다. 선을 긋는 것은 당신이 필요로 하고 마땅히 누릴 자격이 있는 것을 다른 사람에게 분명하게 표현하는 일이다.

선택의 자유에 익숙해져야 한다

누군가 어떤 부탁을 할 때 자동으로 "예"라고 말하지 말고 자신에게 물어보는 훈련을 하라. '내게 주어진 선택권은 무엇인가?', '이 상황에서 내가 원하는 것은 무엇이고, 나를 위해 옳다고 생각되는 것은 무엇인가?', '이 상황에 희생이 올바른 일인가?', '지금 내게 무엇이 가장 중요한가?' 먼저 물어보라.

자신을 우선순위의 가장 높은 곳에 두는 것도 빠트리지 마라

다른 사람을 위한 일을 끝마치고 나서야 자신에게 필요한 것을 주려고 하지 마라. 자신을 되돌아보는 일이 우선순위에서 밀려나지 않도록 스케줄을 짜라. 내면의 에너지를 보충하는 일은 선택이 아닌 필수다. 당신이 꼭 해야 할 일에 포함시켜야 한다.

초점을 좁히는 것도 중요하다

훌륭한 리더들은 하지 않을 일을 찾음으로써 할 일을 결정한다. 자기 인생의 리더로서 어떻게 하면 인생에 더욱 집중할 수 있을까? 소중한 시간과 에너지를 자신에게 투자할 수 있도록, 누군가에게 대신 맡기거나 할 일 목록에서 아예 지워 버릴 수 있는 일은 무엇인가? 이처럼 자신이 가진 자원을 가장 효율적인 곳에 집중한다면 중요한 곳에 더욱 더 많이 베풀 수 있다.

중심에서부터 문제를 해결하자

인류의 위대한 스승들은 고요한 마음을 유지하면 어떤 문제든지 최선의 해결책으로 이끌어 준다고 가르친다. 선을 정하기 어려운 복잡한 문제에 맞닥뜨렸다면 중심의 관점에서 바라보도록 하라. 자신이 가장 선호하는 방법을 이용해 중심을 찾으려고 한 다음에 결정을 내려라. 눈을 감고 심호흡을 하면서 가슴에서 불꽃이 활활 타오르는 모습을 그려보는 것도 좋다. 또는 행복하거나 감사함이 우러나오는 경험, 즉 가슴에 강렬한 불꽃이 타오르게 만들어 주는 기억을 떠올려도 좋다. 이렇게 기쁨과 평화를 되찾고 나서 다시 문제로 돌아가 자신에게 물어보라. '이 문제를 해결하기 위한 최선의 방법은 무엇인가?', '내가 다음으로 할 일은 무엇인가?' 내면에 떠오르는 답에 귀를 기울이자.

무엇을 회피하고자 하는지 파악하라

적정한 선을 긋기가 쉽지 않다면 두려워하지 말고 그 이유를 파헤쳐 보라. 항상 희생하지 않으면 어떻게 될 것 같은가? 거절하면 그들이 불행해질까봐 두려워 희생하는가? 누군가 당신을 필요로 한다고 생각하면 자신감이 상승하기 때문인가? 남들을 위해 희생하면 당신의 걱정거리를 잊거나 꿈을 위해 노력하지 않는 핑곗거리가 되는가?

당신이 희생하는 이유가 무엇을 회피하기 위해서인지 알면 잘못된 믿음을 버릴 수 있다. 앞서 소개한 단계들을 따라 일정한 선을 그으면 당신 자신을 좀더 존중하게 될 것이다.

베풂과 받음 사이에서

사람은 베풀수록 부자가 되고 거절할수록 가난해진다.
— 스웨친 부인

함께할 때와 혼자여야 할 때

"나의 발전은 내 자신의 책임이다. 다른 사람은 필요하지 않으며 그들의 도움에 의지해서도 안 된다."

이것은 잘못된 믿음일까, 진실의 말일까? 언뜻 보기에는 정답이 뻔해 보인다. "어떤 사람도 그 자체로 온전한 섬이 아니다. 모든 사람은 대륙의 일부다"라는 영국 시인 존 던의 명언에서도 알 수 있듯이 말이다.

세상의 위대한 가르침은 자신을 소중하게 여기되 도움과 영감을 주고 길을 이끌어 줄 이들과 함께하라고 말한다. 불교에서는 공동체 안에서 위안을 얻으라고 말한다. 아메리카 원주민 쇼니 족의 족장 테컴세는 "나뭇가지 하나는 부러지지만 한 묶음은 강하다"라고 표현했다.

하지만 답을 결론짓기는 아직 이르다. 앞의 가르침은 진실의 일부에 불과하다.

그 외에 모순적인 면도 존재한다. 부처는 제자들에게 "자기 안에 있는 섬이 되어라. 자신에게서 위안을 얻어라"라고 말했다. 기독교에서는 "스스로 자신을 구원하라"고 말한다. 힌두교의 마누법전에도 "진정한 행복은 자립에서 나온다"라고 적혀 있다.

본질적으로 인류의 스승들은 자립을 추구하고 도움을 구하라고 가르친다. 다시 말하면 독립과 상호 의존을 동시에 포용하라는 것이다. 때로는 남에게 도움을 요청해야 하며 때로는 홀로 서야 할 때가 있다.

유년기와 청소년기에는 부모의 품을 벗어나 홀로 서기를 간절하게 갈망한다. 그리고 어른이 되어서는 오히려 그 반대가 된다. 자신이나 남이 훌훌 털고 앞으로 나아가야만 할 때, 누군가 또는 무언가에 절박하게 매달리려고 한다.

삶은 언제나 우리의 균형을 맞춰 주려고 애쓴다. 지나치게 자립적이면 생존을 위해 반드시 협동해야만 하는 상황에 처하게 한다.

반대로 지나치게 의존적이거나 수동적이면 삶은 발전을 가로막는 인간관계나 일, 사람 또는 소유물과 단절시킨다.

20대 때, 나는 야간에 근무하는 편집자로 일했다. 혼자 하는 일이었는데 점점 더 많은 책임을 떠안아야만 했다. 프로젝트를 진척시키고, 최종 교정쇄를 승인받고, 스스로 중대한 결정도 내려야 했다. 쉽지 않은 일이었다. 홀로 달에 착륙한 것 같은 기분이 들기도 했다.

그런데 나중에는 그 상황이 우유부단함과 자신감 부족이라는 내 약점을 보완하는 훈련을 하기에 딱 좋다는 사실을 깨달았다. 덕분에 나는 자립심을 키울 수 있었고 편집부 전체를 관리할 수 있는 능력도 생겼다. 어미 새가 새끼들을 위한 최선이 무엇인지 아는 것처럼, 삶은 지금 있는 편안한 둥지를 벗어나야 한다고 넌지시 알려준다. 그리고 말을 듣지 않고 고집을 부리면 등을 떠밀어 홀로 날게 한다.

누구나 도움 받을 자격이 있다

도움을 구하는 것과 홀로 서는 것이 어떻게 공존할 수 있는지, 그 모순을 이해할 수 있도록 해주는 은유가 자연에는 가득하다.

새들이 V자 대형으로 날아가는 모습을 떠올려 보라. 새들이 이 대형으로 나눌 이유는 힘을 아낄 수 있기 때문이다.

V자를 그리면서 날아가면 혼자 날 때보다 항력이 줄어들어 훨씬 멀리 날 수 있다. 과학자들은 V자 모양이 시각적으로 소통을 가능하게 하므로 오랜 이동 기간 동안 무리에서 이탈하는 것을 막아 준다고도 한다. 선두에서 나는 새가 가장 많은 힘을 쏟는데, 중도에 힘들어 뒤처지면 다른 새가 재빨리 그 자리를 대신한다. 그래서 실제로는 모든 새들이 맨 앞에서 날 기회를 얻는다. 이동하는 동안 새들의 생존은 개별적인 힘과 팀워크가 좌우한다. 따라서 새들은 자연스럽게 자립과 의존의 기술을 통합시킨다.

하지만 인간의 경우 자립과 의존을 자연스럽게 통합하는 것을 어려워한다. 어떤 이들은 도움을 구하는 것을 불편해한다. 당신도 그런 사람들 중 한 명이라면 '혼자 해내지 못한다면 나한테 문제가 있다는 거야' 라는 잘못된 믿음에 사로잡혀 있다는 뜻이다. 그보다 더 심각하게는 '도움 받을 자격이 없다' 고 스스로를 생각할지도 모른다.

누구나 도움 받을 자격이 있다. 우리 모두는 베푸는 법뿐만 아니라 받는 법도 배워야 한다.

우리는 어떤 분야에서든 최고 실력자들이 코치나 멘토, 지지자들의 도움을 반드시 필요로 한다는 사실을 곧잘 잊어버린다. 영화

<반지의 제왕>의 프로도 역시 정원사 샘이 언제나 곁에 있으면서 몇 번이나 목숨을 구해 주지 않았다면 임무를 완수하지 못했을 것이다. 헌신적인 설리번 선생님이 없었다면 헬렌 켈러가 그렇게 훌륭한 사람이 될 수 있었을까? <스타워즈>의 루크 스카이워커는 오비완 케노비나 요다 같은 스승이 없었다면 제 능력을 발휘할 수 없었을 것이다. 마이클 펠프스 또한 릴레이에서 이기도록 도와준 팀원들이 없었다면 올림픽 8관왕과 세계 신기록 수립은 불가능했으리라.

당신의 경우도 다르지 않다. 당신이 앞으로 나아가 꿈을 이루도록 도와주고 응원해 줄 누군가가 세상에는 반드시 존재한다.

베풂과 받음을 통해 배울 수 있는 가장 큰 교훈은 필요할 때 다른 사람의 도움을 구하는 것은 약함이 아닌 강함의 표시라는 사실이다. 도움을 구하는 것은 유익하다. 자신이 남에게 무엇인가를 받을 만한 가치가 있는 사람이라고 믿는다는 뜻이기 때문이다. 뿐만 아니라 그것은 사랑의 행위이기도 하다. 인생에서 최선의 선택을 내리기 위해 다른 사람의 도움을 구하는 것은 사랑에서 우러나오는 행동이다. 이런 행동은 자기 자신 그리고 당신의 선택에 영향을 받을 이들을 위한 사랑에서 나온다.

멀리 가려면 그들과 함께 가라

당신은 도움의 효과가 눈에 보이지 않는다고 생각할지 모른다. 그러나 실제 연구에 따르면 도움은 사람을 더욱 건강하고 오래 살 수 있도록 해준다. 특히 1960년대에 이루어진 초기의 연구가 대단히 매혹적이다.

펜실베이니아 주에 위치한 로제토라는 작은 마을이 전문가들의 흥미를 끌었다. 이곳의 노인들은 식단이나 콜레스테롤 수치, 흡연, 운동 부족을 비롯해 그 밖의 요소가 다른 집단과 별 차이가 없는데도 불구하고 나이에 비해 정정하고 심장마비를 일으킨 확률이 다른 지역에 비해 40퍼센트나 낮았다. 로제토 주민들의 건강 비결은 과연 무엇이었을까?

전문가들은 그곳 주민들이 지닌, 놀라울 정도의 상호 신뢰와 지지, 응집력을 이유로 꼽았다. 주민들은 3대가 같이 모여 살아 가족과 공동체 관계가 끈끈했고 무척이나 즐겁게 살고 있었다.

흥미로운 사실은 그런 요소가 변하자 통계 수치에도 변화가 나타났다는 점이다. 젊은 세대가 성장하면서 전 세대보다 풍요로워지고 타지로 나가는 이들도 생기면서 가정의 결속력과 공동체 관계가 무너졌다. 그런 변화와 동시에 로제토 마을의 심장마비 확률은 전국적인 수치와 비슷하게 올라갔다.

인류의 위대한 스승들은 공동체라는 환경이 우리의 정신적인 건강에 핵심적인 요소로 작용한다고 말한다. 유대교 스승인 힐렐은 "너와 공동체를 나누어 생각하지 말라"라고 조언했다. 동양의 스승 엘 모랴도 시적인 말로 친구라는 공동체의 필요성을 확인시켜 주었다.

"여행자여, 친구여, 우리 함께 여행을 합시다. 밤이 가까워 오고 야생 짐승의 소리가 들리고 모닥불은 꺼질 것이니. 그러나 우리가 교대로 밤새 보초를 선다면 힘을 아낄 수 있소. 내일 먼 길을 떠나야 하니 분명 우리는 지칠 것이오. 우리 함께 걸읍시다. 축제와 기쁨이 있을 것이오. 여행자여, 내 친구가 되어 주오."

기독교에서 '친구 공동체'는 교회라는 이름으로 불린다. 교회(Church)라는 말은 '집회' 또는 '집단'을 뜻하는 그리스어 '에클레시아(ekklesia)'에서 유래했다. 불교에서도 공동체는 불교 신자들이 위안으로 삼은 '세 가지 보석' 중 하나로 대단히 중요하게 여긴다. 나머지 두 가지 보석은 부처와 가르침이다.

나는 베트남 출신의 틱낫한 스님이 '상가(sangha)'라고 정의하는 공동체 개념이 마음에 든다. 틱낫한 스님은 '공동체는 승려와 비구니, 평신도 들이 서로의 내면에 존재하는 가장 위대한 속성을 장려하기 위해 함께 수련하는 집단'이라고 말한다.

"내게 있어 공동체와 함께 수련한다는 것은 지금 당신이 사랑하는 곁에 있는 이들과 함께 수련한다는 뜻이다. 변화의 방향으로 나아가도록 해준다면 그것이 진정한 공동체다."

자신을 존중하기 위해서는 광범위한 측면에서 우리의 공동체, 후원 네트워크를 생각해 볼 필요가 있다. 공동체는 공간을 만들어준다. 비록 그것이 사이버 공간이라 하더라도 그곳에서 당신은 도움을 받고, 또 줄 수 있다.

당신의 공동체는 가족이나 직장 동료 또는 창조적인 목표나 봉사 차원의 명분을 추구하면서 연결된 사람들일 수도 있다. 당신은 하나 이상의 공동체에 속할 수 있다. 각 공동체마다 당신이 자신의 욕구를 존중하고 다른 사람에게 더 큰 선물을 나누어줄 수 있도록 도와주는 데 각자 다른 역할을 수행하기 때문이다.

혼자라고 느끼거나, 도움이 필요하거나, 남을 돕거나, 봉사하고 싶다면 당신과 관심사가 같거나 마음을 따뜻하게 만들어 주는 공동체에 합류해 보자. 마땅한 곳이 없다면 당신이 나서서 직접 만들어도 좋다.

여기서 지지란 자신을 불쌍하게 여기기나 불평에 빠뜨리고 희생자처럼 굴도록 만드는 연민을 뜻하지 않는다. 지지는 당신을 떠받쳐 주는 것이지 억누르는 것이 아니다. 그것은 진솔한 피드백이며 애정이 담긴 격려다. 우리는 자신을 객관적으로 볼 수 없기 때문에 자신의 행동을 돌아볼 수 있도록 거울이 되어 주는 환경에 속한 진정한 친구가 필요하다. 다른 사람과의 상호작용이 없다면 당신이 애정이 넘치거나 너그러운지, 이기적이거나 폐쇄적인지 어떻게 알 수 있을까? 자신과 남을 존중하는지 어떻게 알까?

"함께 춤추되, 혼자이게 하라"

다른 사람의 지지를 구하는 것은 자신을 존중하는 일이다. 그러나 길고 고된 여정을 거치는 새들처럼 당신도 자신의 내면의 힘에 기대야만 한다. 지지를 받으면서 동시에 홀로 선다는 모순을 제대로 다루려면 균형 감각이 필요하다.

단순히 도움을 받는 것과 도움을 주는 사람이 당신의 인생을 통제하도록 내버려두는 것의 차이를 잘 느끼지 못할 수도 있다. 당신이 상대방에게 무엇을 기대하고, 상대방은 도움의 대가로 무엇을 기대하는지 분명히 알면 균형을 잃지 않을 수 있다. 어떤 형태로 지지를 받든 당신에게 직접적으로 영향을 끼치는 결정을 내리는 것은 당신의 몫임을 명심해야 한다.

서로 자연스럽게 도와줄 수 있는 가까운 사이라도, 상대방에게 기대는 것과 자신의 힘으로 서는 것의 균형을 맞추는 일은 대단히 중요하다. 내가 좋아하는 작품인, 레바논 출신의 작가 칼릴 지브란의 시집 《예언자》에는 오팔리스의 지혜로운 예언자 알무스타파가 균형의 필요성을 역설하는 장면이 나온다. 그는 결혼을 이렇게 말한다.

"함께 노래하고 춤추며 즐거워하라. 그러나 서로는 혼자이게 하라. 함께 떨며 하나의 음악을 만들어 낼지라도 각각은 혼자인 현악기의 줄처럼. 함께 서 있으라. 그러나 너무 가까이 서 있지는 마라. 사원의 기둥들도 서로 떨어져 있고 참나무와 삼나무도 서로의 그늘 속에서는 자랄 수 없으니."

유대교의 하시드에서 전해 내려오는 다음의 이야기도 자립이 필요한 이유를 잘 보여준다.

젊은 랍비가 지혜로운 스승에게 "공부할 때는 삶의 활력이 가득하지만 일상으로 돌아가면 활력이 사라져 버린다"면서 어떻게 해야 하느냐고 물었다. 지혜로운 스승은 적절한 비유를 들어 대답했다.

"너는 한밤중에 친구와 함께 숲을 지나는 사람과 같다. 둘은 언젠가 헤어져야만 하고, 각자의 길을 가야 할 때가 올 것이다. 그러나 각자 등불을 들고 있다면 두 사람 모두 어둠을 두려워하지 않으리라."

이 조언은 모든 인간관계에 적용된다. 우리는 스스로 자신의 길을 밝힐 수 있어야 한다. 우리는 인생이라는 길을 걸어가면서 여러 측면으로 도움을 주기도 하고 받기도 할 것이다. 우리 서로가 자신의 잠재성을 자유로이 실현할 수 있다면 마법 같은 일이 일어난다. 직장에서 다른 사람의 지지에 고마워하면서도 그들이 발전할 수 있도록 격려하는 새로운 관점을 갖고 행동할 때 어떤 변화가 생기는지 살펴보라. 친밀한 관계 속 에서 당신의 욕구를 실현할 수 있는 자신만의 시간과 공간을 가져라.

근육, 두뇌, 마음, 내면 등 모든 것은 계속 움직이고 단련하지 않으면 퇴화된다. 제시카와 그녀의 어머니도 그것을 깨달았다.

20대 후반의 제시카에게는 신용카드를 한도가 초과될 때까지 사용하는 습관이 있었다. 자신의 능력 한도 내에서 소비하는 절제력이 없었는데, 그녀의 어머니는 딸이 곤경에 처할 때마다 대신 카드 값을 갚아 주었다. 어머니가 늘 도와주었으므로 그녀는 상황을 심각하게 받아들이지 않았다.

어머니는 싱글 맘으로 혼자 외동딸을 키웠기에 딸을 과잉보호하는 경향이 있었다. 딸의 빚을 대신 갚아 주는 것이 사랑이라고만 생각했다. 그녀는 그런 상황이 점점 불편해지기 시작했다. 그녀는 재정적으로 안정된 미래를 위해서는 과소비하는 습관을 고쳐야 한다는 사실을 깨달았다. 어머니를 사랑하지만 평생 어머니에게 의존하면서 살고 싶지는 않았다. 그래서 어머니에게 자신을 더 이상 돕지 말아 달라고 했다.

놀랍게도 그녀의 그런 결심에 겁먹은 사람은 그녀 자신이 아닌 어머니였다. 어머니가 무엇보다 걱정스러워 한 것은 딸이 돌이킬 수 없는 곤경에 처하지 않을까 하는 걱정이 아니었다. 어머니가 정말로 두려웠던 것은 딸이 독립적인 성인이 되어 더 이상 자신의 도움을 필요로 하지 않는 것이었다. 딸을 잃을까봐 두려웠던 것이다.

다행스럽게도 두 사람은 그 일을 서로 이야기하는 시간을 가질 수 있었다. 그녀는 어머니에 대한 사랑은 앞으로도 변하지 않을 것이지만 경제적으로 독립하는 사람이 되어야만 한다는 사실을 차근차근 설명했다. 어머니는 딸을 위한 희생이 언제나 딸을 사랑하고 성장하도록 도와주는 가장 효과적인 방법은 아니라는 사실을 깨달았다.

사람은 누구나 홀로 서는 법을 배우고 스스로 깨우쳐야 한다. 아무리 사랑해도 그 사람의 인생까지 대신 살아 줄 수는 없다. 마찬가지로 남이 당신의 삶을 대신 살아 줄 수도 없다. 진정으로 사랑한다면 상대방이 진정한 자신을 찾고 스스로 배울 수 있도록 자유를 주어야 한다.

나를 보듬고 그를 이끌어 주는 손

옛날 중국의 어느 마을에 스승과 제자 곡예사가 있었다. 스승은 어린 제자에게 기둥 위로 올라가 물구나무서기하는 법을 가르쳤다.

"너는 나를 돌보고 나는 너를 돌볼 것이다. 이렇게 서로를 살펴 주면 우리 둘 다 다치지 않고 안전하게 높은 수입도 올리고 기둥에서 무사히 내려올 수 있다."

그러나 제자는 스승의 말에 동의할 수 없었다.

"그게 아닙니다, 스승님. 스승님은 스승님을 돌보고 저는 제 자신을 돌봐야 합니다. 이렇게 우리가 각자 자기를 보호해야 묘기를 잘 부릴 수 있고, 수입도 더 올리고, 기둥에서 무사히 내려올 수 있습니다."

스승과 제자의 말 중에서 누구의 말이 맞을까? 수 세기 전, 부처는 이 이야기를 들려주면서 제자의 말이 옳다고 설명했다. 그리고 나서 베푸는 것과 받는 것의 핵심적인 모순도 언급했다.

- 자신을 보호하는 것은 남을 보호하는 것이다.
- 남을 보호하는 것은 자신을 보호하는 것이다.
- 이 둘은 상호 보완적인 진리이며, 심오한 의미를 가진다.

이 일화에는 여러 의미가 들어 있다. 가장 분명하게 알 수 있는 것은 자신을 보살피고 내면의 필요를 충족시킴으로써 자신을 보호하는 일은 곧 남을 도울 수 있는 힘이 된다.

비행기 안에서 응급 상황이 발생했을 때 산소마스크를 자신이 먼저 쓰라고 하는 이유도 그 때문이다. 자신이 제 몸도 가누지 못하면서 어떻게 다른 사람의 생존을 도울 수 있겠는가? 자신이 옴짝달싹할 수 없는 처지라면 어떻게 남이 어려운 상황에서 빠져나올 수 있도록 돕겠는가?

모순 같지만, 먼저 스스로를 도와야만 남을 도울 수 있다. 당신이 자신을 먼저 돌보는 모습이 다른 사람에게는 이기적이거나 무관심하게 보일 수도 있다. 하지만 그것은 사실이 아니다. 줄 수 있는 능력을 키우는 것이야말로 당신이 다른 사람에게 베풀고 나누어줄 수 있는 가장 큰 선물이다.

젊은 수도승은 이 중요한 원리를 실행에 옮겼다.

그는 부처가 임종을 앞두고 있다는 소식을 듣고 홀로 방에서 명상을 했다. 수많은 사람들이 존경하는 스승을 만나러 왔지만 그만은 예외였다. 사람들은 그가 스승에게 전혀 관심이 없다는 생각에 그의 행동을 부처에게 알렸고, 수도승에게 스승을 방문하라고 강권했다. 마침내 스승을 만나러 간 그는 자신의 행동을 설명했다.

부처가 아직 살아 계실 때 깨달음의 경지에 오르는 것이 스승에게
보여줄 수 있는 가장 숭고한 존경심이라는 생각에서 명상을 했다
는 것이었다.

이 젊은 제자는 나중에 자신의 도움을 필요로 할 이들을 위하거
나, 자신이 스승에게 줄 수 있는 가장 커다란 존중은 지금 최선을
다해 자신을 발전시키는 길이라는 사실을 잘 알고 있었다. 그의
행동은 베푸는 것과 받는 것 사이에서 무엇을 먼저 챙겨야 하는
지, 그것이 왜 중요한지 말해 준다.

- 스스로 최선을 다해 가장 위대한 내가 되어야만 다른 사람을
  잘 도울 수 있다.
- 홀로 날 줄 알아야 날개에 힘이 생겨 다른 이들을 들어 올릴
  수 있다.

부처는 "자신을 보호하는 것은 남을 보호하는 일이다"라는 말
뿐만 아니라 그와 정반대로 "남을 보호하는 것은 자신을 보호하는
일이다"라는 말도 남겼다. 이는 어떤 의미일까?

간단하게 말하면 다른 사람을 지지하고 애정으로 대하면 당신
이 목표하는 세상을 만들어 갈 수 있으므로 결국 자신을 보호하는
일이 된다는 뜻이다. 베푼 만큼 언젠가 돌려받는다. 인과응보야말

로 보편적인 인과관계의 법칙이다.

흔히 "세상은 이렇게 움직이는 거야. 내 본보기를 봐. 나는 이렇게 행동하고 그들에게 그렇게 똑같은 대접을 받길 기대해"라고 말한다. 이는 베풀기 전에 이미 받을 것을 전제로 한다. 이 안에는 이기적인 탐욕이 깃들어 있다. 받고자 하는 마음이 앞서면 탐욕이 자리 잡는다. 그리고 탐욕은 탐욕을 낳을 뿐이다. 그것이 당장은 자신에게 도움이 될지 모르지만, 사람을 잃고, 인심을 잃고, 세상을 잃는 결과를 낳는다. 그리고 그런 속마음은 누군가가 이용하기 수월해진다. 눈앞의 이익에 눈이 멀다 보니 조급해지고, 그런 사람을 이용하기는 의외로 쉽지 않은가.

최근에 "남을 보호하는 것은 나를 보호하는 일이다"라는 원리를 실천하는 웨이트리스를 만난 적이 있다. 친구와 저녁을 먹으러 한 뷔페에 갔을 때였다. 젊은 웨이트리스가 주문을 받고 마실 것을 가져다주었는데, 너무도 친절해서 내 친구는 우리가 남기는 팁이 그 웨이트리스에게 고스란히 돌아갈 수 있기를 바랐다.

웨이트리스에게 팁을 동료들과 나누어 가지는지 묻자 그 웨이트리스는 이렇게 대답했다.

"전부 나누어 가집니다. 제가 팁을 동료들과 나누지 않으면 동료들도 저와 나누지 않을 테니까요."

그녀는 자신이 다른 사람과 나누는 대로 자신에게 돌아온다는

사실을 본능적으로 알고 있었다. 베풂과 받음의 엄청난 위력을 다
시 한번 깨달은 계기였다. 남을 존중하고 그들을 도움으로써 우리
도 존중과 도움을 받는다.

─베풂과 받음 사이에서 균형 잡기─

도움을 구해야 할 때인가 홀로 서야 할 때인가

인생은 매 순간마다 자연스럽게 남의 도움을 구해야 할 때가 있고 홀로 서야 할 때가 있게 마련이다. 그 둘이 균형을 이루어야만 진정한 발전을 이룰 수 있고 성장을 지속할 수 있다. 한쪽에 지나치게 의존하거나 너무 오래 머물러 있으면 정체될 수밖에 없다.
다음의 네 가지 질문과 요령을 참고한다면 때에 따라 모순되는 두 가지 중 어디에 집중해야 균형을 잡고 앞으로 나아갈 수 있는지 알 수 있을 것이다.

혼자 힘으로 발전을 이루어야 하는데 꽉 막힌 부분이 있는가?
어떤 도움이 받쳐 준다면 좀더 빨리 앞으로 나아갈 수 있는가? 도움이란 신체적인 것이 될 수도 있고 정신적, 정서적, 영적인 것이 될 수도 있다. 일주일에 한 번씩 마사지를 받거나 관심 있는 분야의 모임에 합류하는 것 등 다양하다. 가까운 사람과 상담하거나 영감에 도움을 주는 형태의 일을 할 수도 있다. 또한 베풂과 받음의 정신을 고려해, 당신의 도움을 필요로 하는 사람을 도와줄 수도 있다. 도움이나 안내, 조언을 얻기 위해 지금 당신이 실천할 수 있는 작은 베풂은 무엇인가?

모든 문제를 혼자 해결하려 하는가?

도움을 구하는 일이 어렵게 느껴진다면 두 가지 사실을 명심하라. 도움을 구하는 것은 사랑이 담긴 일이고 강한 행동이다. 올바른 도움을 얻어 좋은 결정을 내리고 다음 단계로 나아감으로써 당신은 자신뿐만 아니라 현재와 미래에 당신의 선택에 영향을 받을 사람들까지도 존중하는 셈이 된다. 아울러, 사람들은 당신의 생각보다 기꺼이 도움을 주려고 할 것이다. 당장 도움을 줄 수 없거나 꺼린다고 해서 당신이 가치 없는 사람이라는 뜻은 아니다. 제대로 된 조력자를 찾지 못했다는 뜻일 뿐이다. 곧 찾게 될 것이다.

다른 사람이 당신이 내려야 할 결정을 대신 내리고 있지는 않은가?

그에게 당신의 감정에 대해 어떤 말을 하고 싶은가? 그에게 부탁하고 싶은 말은 무엇인가? 할 말을 먼저 종이에 써라. 직접 말하기 어려운 내용이라면 당신이 해야 할 말을 모두 할 수 있도록 글로 전달해도 된다. 당신이 하고자 하는 말을 상대방이 분명히 이해했고 생각이 같은지 꼭 확인하라.

누군가와 친밀한 관계라고 해서 자신을 포기해야 된다는 뜻은 아니다. 혼자만의 숨 쉴 공간이 필요하다는 이유만으로 사랑하는 사람에게 괜한 짜증이 날 수도 있다. 두 사람의 관심사가 언제나 똑같을 수는 없으며, 똑같기를 기대한다는 것 자체가 옳지 않다. 당신은 자신과 상대방이 개별적인 관심사를 추구하도록 허용하고 장려하는가? 자신만을 위한 시간을 가져라. 상대방 역시 그럴 수 있도록 배려하라. 그러면 서로에게는 물론 세상에 더 많은 것을 줄 수 있다.

Part 2

나를 사랑해야
남도 사랑할 수 있다

"나는 남에게 베풀 때 비로소 나 자신을 준다."

—월트 휘트먼

나만 할 수 있는 특별함

우리가 가진 것을 베푸는 것은 베푸는 것이라 할 수 없다.
진정으로 베푸는 것은 우리 자신을 줄 때다.
— 칼릴 지브란

그것은 결코 특별한 일이 아니다

"주는 사람은 가장 많이 받는 사람이다. 우리는 받는 것을 통해 생계를 꾸리지만, 베푸는 것을 통해서는 삶을 만들 수 있다."

잘못된 믿음일까, 새로운 진실의 말일까? 이 질문에 대한 답은 우리가 언제, 어떻게, 왜 주는지에 달려 있다.

살아가다 보면 순간에 담긴 의미를 놓치는 경우가 많다. 본질적으로 베풂이란 창조적인 마음의 활동이라는 사실을 잊어버리기 쉽다. 당신은 단순히 외부의 자극을 받고 그에 반응하는 것이 아니다. 당신은 행동의 주체이며 창조자다. 베풂이란 포기하는 것도, 마지못해 받아들이는 것도 아니다. 당신 자신에게 생명을 주는 것이고 마음으로 창조하는 것임을 직접 깨달아야만 베풂에 관한 모든 지혜의 말이 깊이 와 닿을 것이다.

당신은 창조자다.

당신은 매일 자신이 하고자 하는 일을 할 수 있는 에너지를 새롭게 받는다. 이 에너지는 당신의 심장을 펌프질하고 숨 쉬게 하며, 새로운 하루를 헤쳐 나갈 수 있는 힘을 준다. 생각과 감정, 다른 사람과의 상호작용을 통해 이 에너지로 무엇을 할지 선택할 수 있다는 것은 당신의 삶에 주어진 선물이다.

> ● 잘못된 믿음
> '인생은 아무렇게나 흘러가는 거야. 나는 그저 거기에 반응할 수밖에 없어.'
>
> ● 진실의 말
> '나는 창조자야. 매일 내 창조적인 힘을 어떻게 이용해 내 인생을 만들고 남에게 베풀지 내가 직접 선택하는 거야.'

흔히 베풂과 받음이란 포장된 선물을 건네주는 것처럼 특별한 행동이라고 생각하기 쉽다. 아니다. 당신과 우리는 현실에서 항상 베풀면서 살아간다. 우리는 매 순간 무언가를 탄생시키고, 베풂으로 살아 있는 가치를 느낀다.

실천적 영성의 선구자인 엘리자베스 클레어 프로펫은 "사랑은 창조적인 힘이다. 당신은 신과 더불어 공동 창조자다. 그것은 굉장히 근사한 책임이다. 당신은 자신에게 주어진 창조의 힘으로 무엇을 할 것인가? 무엇을 창조하겠는가?"라고 물었다.

베풂이란 자신의 일부를 자신보다 더욱 필요로 하는 누군가에게 준다는 뜻으로 해석된다. 이렇게 베풂은 남뿐만 아니라 자신을 존중하는 일이기도 하다. 당신의 가슴에 주어진 본연의 의무인, 사랑을 주고받는 것을 실천하는 것이기 때문이다. 심리학자이자 철학자인 에리히 프롬은 베풂을 이렇게 표현했다.

"베풂은 힘의 가장 숭고한 표현이다. 나는 베푸는 행위를 통해 내 힘과 부, 권력을 경험한다. 베풂이 받음보다 즐거운 이유는 박탈 행위가 아니라 베푸는 행동을 통해 내가 살아 있음을 표현할 수 있기 때문이다."

베풂이 살아 있음을 표현하는 가장 고귀한 방법이라는 것을 어떻게 알 수 있을까? 특별한 통찰력이 없더라도 에너지가 창조되는 형태와 표현 방식을 보면 쉽게 알 수 있다. 베풂이 다른 사람에게 끼치는 영향을 살펴보기만 하면 된다. 지금 당장 밖으로 나가 마트의 계산원에게 불평 혹은 칭찬의 말을 해보라. 그런 다음 계산원의 표정 변화를 살펴보라. 아니면 당신이 주차하려고 봐 둔 공간에 새치기한 사람을 대할 때, 그런 당신을 지켜보는 자녀들의 표정을 살펴보라.

우리는 어떻게 베푸는가

때로는 선택의 여지없이, 어쩔 수 없이 나누어주고 베풀어야만 한다는 생각에 당연히 불평할 권리도 있는 것처럼 느껴지기도 한다. 하지만 그런 베풂의 방식에는 중요한 메시지가 들어 있다. 불평과 짜증, 분노 그리고 억누르고 싶은 충동은 당신이 다른 사람에게 베푸는 것과 자신에게 주어야 할 필요성의 균형이 맞지 않다는 신호다.

온 마음을 담아 줄 수 없다고 자신을 비판하지 마라. 불평하면서 베푸는 것은 옳고 그름이나 선악의 문제가 아니다. 그 이유를 찾고 흐름을 조절해야 하는 문제다.

진심을 담아 주지 못하는 이유는 균형이 깨진 탓이며, 이 외에도 다른 이유가 있다. 그것은 우리가 진심 어린 베풂에서 우러나는 위대한 힘을 보이지 않게 하는 물질 사회에서 성장하고 배운 탓이다. 아메리카 원주민 개혁자로 오히에사라는 별칭으로 불리

기도 하는 찰스 알렉산더 이스트먼은 이렇게 말했다.

"나는 어릴 적에 베풂의 방식을 이해했다. 그러나 문명사회에 발을 딛고 나서 그 미덕을 잊어버렸다. 예전에는 자연의 삶을 살았지만 지금은 인위적인 삶을 살고 있다."

오늘날 각종 미디어에는 그 어느 때보다 우리로 하여금 더 많이, 더 자주 '사라, 구매해라, 질러라' 라고 부추기는 메시지가 넘쳐 난다. 아이들은 생일이나 명절에 산더미처럼 쌓일 만큼 선물을 받는다. 더 크고 더 많을수록 더 좋은 것처럼 보인다.

어느 해 크리스마스 아침, 우리 부부는 어린 조카들에게 선물을 했는데, 조카 중 나이가 더 어린 동생 앤은 선물 두 개를 풀어 보더니 언니가 선물을 하나 더 받았다고 울기 시작했다. 우리는 두 조카에게 줄 선물을 신중하게 똑같은 가격으로 골랐지만, 어린 조카는 개수가 다르다는 이유로 억울했던 것이다.

어렸을 때나 성인이 되고 나서 당신이 가장 기쁘고 행복하거나 평화로웠던 때가 언제인지 떠올려 보라. 누군가 당신에게 많은 돈을 썼던 때인가? 아니면 다른 사람이 당신에게 시간과 관심을 쏟고 상호간에 친밀함과 연결고리가 느껴져 활기가 넘쳤던 순간인가?

마음의 지혜에 눈을 뜨게 되면 크고 비싼 선물이 최고가 아님을 깨닫게 된다. 마음의 선물이 큰 선물보다 더 좋다.

우리 부부가 새 집으로 이사한 지 얼마 되지 않은 어느 여름날이었다. 옆집에 사는 다섯 살짜리 소피가 옆집과 우리 집 사이의 뒷마당 덤불에서 고개를 빼꼼 내밀더니 인사를 했다. 아이와 내가 아이와 언니의 나이, 내 고양이들의 이름 같은 중요한 정보를 교환하고 났을 때, 아이가 갑자기 물었다.

"아줌마는 무슨 색깔이 제일 좋아요?"

"글쎄, 나는 노란색이 좋아."

아이는 내 대답을 듣자마자 자신의 집 옆쪽으로 사라지면서 뒤에 있는 내게 소리쳤다.

"거기 가만히 계세요. 어디 가시면 안 돼요!"

아이는 선물을 가지고 돌아왔다.

"우리 집 마당에서 딴 꽃인데요, 노란색 꽃이에요."

아이는 얼굴 가득 함박웃음을 지으며 내게 팔을 내밀었다. 두 손가락 사이에는 완벽하게 예쁜 노란색 팬지꽃이 조심스럽게 들려 있었다.

벌써 몇 년 전 일이라 아이는 아마 잊어버렸을 것이다. 하지만 나는 소피의 선물을 영원히 잊지 못할 것이다. 아이의 마음에서 우러나와 내 마음 한 가운데로 전해진 그 선물과 미소를.

인도의 사랑받는 고전 《바가바드 기타》의 "나뭇잎 한 장, 꽃 한 송이, 과일 한 조각, 물 한 그릇을 바치더라도 마음을 다하여 바치면 나는 그것을 아주 기쁘게 받을 것이다"라는 가르침을 소피는 직관적으로 알고 있었던 것이다. 무엇을 주는지 뿐만 아니라 어떻게 주는지도 중요하다. 선물의 크기가 아니라 마음의 크기가 중요하다.

그가 정말 갖고 싶었던 선물

아무리 값진 선물이라도 마음을 대신할 수는 없다. 사실 크고 비싼 선물은 체면치레밖에 안 될 수도 있다. 급하게 백화점에 달려가서 누군가에게 줄 선물을 아무것이나 서둘러 산 경험이 누구나 있을 것이다. 또는 흡족해하면서 구입한 선물을 상대방이 마음에 들어 하지 않아 놀란 일도 있을 것이다. 그런 선물은 상대방의 욕구를 충족시켜 주지도 못할뿐더러 우리 안에 존재하는 창조적인 정신을 존중하지도 않는다. 가장 특별한 선물은 머리가 아닌 마음에서 우러나오는 선물이다.

언젠가 내 이웃은 남편과 두 자녀에게 최고의 어머니날 선물을 받았다고 말했다. 마사지 쿠폰이었다.

"정말 상상도 못 한 선물이었어요. 필요한 건 전부 다 있으니 더 필요한 게 없었죠. 남편하고 아이들에게 계속 마사지를 해 달라고 마음으로 말했어요."

남편과 아이들은 그녀가 무엇을 필요로 하는지 자신들의 마음속으로 들어가 생각했기 때문에 그녀의 마음이라는 목표물에 적중할 수 있었다.

라디오 프로그램을 진행하는 조애니는 최근에 창조적으로 선물을 줄 수 있었다고 내게 자랑했다. 그녀는 쌍둥이를 임신한 친한 친구의 출산 축하 파티에 초대받았다. 쌍둥이가 태어나면 친구가 정신없이 바빠질 것이라는 생각에 그녀는 쌍둥이의 옷과 함께 1년 내내 언제든 자신에게 빨래 개기를 도와 달라고 요청할 수 있는 쿠폰을 선물로 준비했다.

"친구가 굉장히 좋아했어요. 지금까지 제가 준 그 어떤 선물보다 고마워했죠."

내 어린 시절, 가족들은 내가 직접 만든 생일 카드를 무척이나 고마워했던 기억이 있다. 어린 나는 부모님과 자매들을 위해 직접 그림을 그리고 문구를 써넣은 카드를 만드는 일이 무척이나 좋았다. 부모님이 내가 만든 카드를 받고 얼마나 고마워했는지 아직까지 기억난다. 부모님은 백화점 등에서 파는 일괄적이고 요란한 카드가 아니라 나만의 손길이 담긴 카드를 앞으로도 계속 만들어 달라고 격려해 주셨다.

누군가에게 선물을 주는 것은 우리의 특별한 일부를 나누어줄 수 있는 기회다. 마가렛은 친구와 함께하는 시간이 물질적인 선물을 주거나 받는 것보다 훨씬 중요하다는 믿음으로 평생을 살아왔다. 아일랜드 출신인 그녀는 어른이 아닌 아이들만 명절에 선물을 받는 문화에서 성장했다.

어느 해, 그녀는 동료이자 친구가 된 산드라에게 선물에 대한 생각을 말했다. 그녀는 산드라에게 직설적으로 말했다.

"내가 내 친구들에게 하는 설교를 이제 너한테도 해야겠어. 나한테 절대로 생일 선물이나 크리스마스 선물을 주지 마. 나는 받고 싶지 않으니까. 물건이 더 늘어난다고 좋을 게 뭐 있어? 같이 점심을 먹자고 한다면 그건 괜찮아. 서로 함께 시간을 보내는 거니까. 하지만 나한테 선물을 주려면 그 선물 살 돈을 위해 네가 더 일을 많이 해야 하고 그러다 보면 함께할 시간이 줄어들잖아.”

그 이야기를 내게 들려준 것은 산드라였다.

“그 말을 듣고 안심이 되었어요. 마가렛과의 우정에 더욱 감사했죠.”

그리고 산드라는 몇 년 전 크리스마스 때부터 자신도 똑같은 결심을 했다고 말했다. 친척들과 친한 친구들에게 자신에게 선물을 사주지 말고 함께 시간을 보내 달라고 선언했다. 산드라는 웃으면서 그때 일을 떠올렸다.

“최고의 크리스마스였죠. 내가 좋아하는 사람들과 시간을 보낼 수 있었고, 선물 사러 정신없이 뛰어다니지 않아도 되었으니까요. 가게에 한 번도 안 갔다니까요. 믿어지세요?”

마음이 흐트러지면 사랑할 수 없다

정신없이 바쁘게 사는 당신이 다른 사람에게 줄 수 있는 가장 소중한 선물은 바로 당신의 시간이다. 너무도 많은 요구 속에서 살아가다 보니 당신을 필요로 하는 사람들의 말을 들을 때 운전을 하거나, TV를 보거나, 전화 통화를 하거나, 문자 메시지를 보내거나, 저녁 식사를 준비하거나, 우편물을 정리하거나 등의 주변 일에 신경 쓰는 경우가 많다.

그것은 시간을 온전히 주는 것이 아니다. 온 정신을 집중하지 않으면 온전히 줄 수 없다. 간단해 보이지만 당신은 얼마나 자주 그렇게 하는가? 당신을 필요로 하는 사람과 깨지지 않은 연결고리를 얼마나 자주 유지하는가?

인류의 위대한 스승들은 모두 순간을 온전히 의식하고 마음을 챙기는 것, 정신을 집중하는 연습을 해야 한다고 강조한다. 기독교의 수사였던 가아사랴의 바실은 "정신이 계속 흐트러지면 신이나 이웃을 사랑할 수 없다"고 말했다. 한 고승은 이렇게 표현했다.

"걸을 때는 걷기만 하라. 앉을 때는 앉기만 하라. 무엇보다도 몸을 흔들흔들하지 마라."

남에게 온전한 관심을 베푸는 것은 보살핌과 치유의 행위다. 그것은 매우 드물고 소중한, 진정한 친밀감과 유대를 탄생시킨다.

두 사람이 진정으로 서로를 깊이 사랑하는지 어떻게 알 수 있을까? 옛 말에도 있듯이 연인은 서로에게만 시선을 맞춘다. 그들의 시선은 사랑하는 사람에게 고정되고 주변에서 일어나는 일은 의식하지 못한다. 그렇게 에너지가 끊어지지 않고 순환하는 따뜻한 포용 안에 있다 보면 우리는 상대방의 관심이 오직 나만을 향한다는 사실을 알게 되고, 깊은 사랑과 지지를 받는다는 느낌이 든다. 이렇게 집중된 관심과 마음의 이어짐은 어떤 환경에서든지 좋은 관계를 이루는 필수적인 요소다.

나 역시 집중된 관심의 놀라운 힘을 경험했다. 책상에 앉아 관심을 쏟을 필요가 있는 사안을 듣는 동시에 전화벨이 울리고 곧바로 해결해야 하는 긴급 사안에 대한 소식이 들려왔다. 나는 그 전화를 받는 일이 내 앞에서 중요한 사안을 설명하고 있던 상대방을 얼마나 기분 나쁘게 하고 무시당하는 것처럼 느껴지게 하는지 팀원 한 명이 지적해 주고 나서야 알았다.

그래서 중요한 대화를 할 때는 전화기를 꺼 놓고 자동응답기로 넘어가도록 했다. 결과적으로 여러 사안을 더욱 빨리 이해하고 처리할 수 있었다. 그보다 중요한 것은 더 긴밀하고 공감하는 인간관계를 만들 수 있었다는 점이다. 이처럼 당신의 시간과 온전한 관심이라는 선물은 가정이나 직장, 사교적인 만남 등의 모든 인간관계에 마법을 만들어 준다.

세상에 줄 가장 큰 선물

그들에게 선물해야 할 때

생일, 졸업, 결혼, 기념일, 크리스마스, 그밖에 명절 등 선물을 주는 날은 수없이 많다. 하지만 가장 감동적인 선물은 그런 때가 아닐 때 주는 선물이다.

칼릴 지브란은 "부탁을 받고서 베푸는 것, 그것은 좋은 일이다. 하지만 부탁받기 전에 이해함으로써 베푸는 것, 그것은 더욱 좋은 일이다"라고 말했다.

당신은 얼마나 자주 다른 사람의 마음에 감사하고 자연스럽게 베푸는가? 프로젝트가 잘 끝난 것을 축하하기 위한 꽃 한 다발, 상대방의 친절함에 보답하기 위한 특별한 책 한 권, 근심에 처한 친구를 위로하기 위해 직접 쓴 예쁜 카드 등.

사람들은 어려울 때일수록 선물을 필요로 한다. 하지만 그럴 때일수록 오히려 주지 않으려고 하기 쉽다. 도와 달라는 그들의 구조 요청 신호를 심술궂은 불만이나 성질부리기 쯤으로 받아들인다. "왜 그래? 내가 어떻게 도와줄까?"라고 묻는 대신 "도대체 왜 저러는 거야?"라고 중얼거린다. 테레사 수녀는 매일 이렇게 기도했다.

"신이시여, 제가 오늘 그리고 매일 병자를 간호하고 당신에게로 이끌면서 당신을 보게 하소서. 당신이 비록 짜증스럽고 까다롭고 불합리한 모습으로 변장하고 있어도 제가 당신을 알아볼 수 있게 하소서."

> ● 잘못된 믿음
> '선물은 특별한 때만 주는 거야.'
>
> ● 진실의 말
> '상대방이 예상하지 못한 선물을 주면 마법 같은 일이 일어나. 그 선물을 받는 사람의 마음이 열리고 내 마음도 열려.'

때로는 우리가 지금까지 배운 베풂의 법칙에 어긋나는 선물이 가장 최고의 선물이 되기도 한다. 이집트 사막에서 은둔하며 살아간 어느 수사의 이야기에서도 이런 원리가 잘 나타난다.

두 젊은 수사가 '사막의 수도자' 압바 푀멘에게 기도 시간에 조는 수사를 보면 어떻게 해야 하는지 물었다. 그들은 성스러운 의식을 무시하는 처사가 분명하다며 "꼬집어서 깨워야 할까요?"라고 물었다. 그러자 압바 푀멘은 "기도 시간에 자는 형제가 있다면 나는 내 무릎에 그의 머리를 받치고 편히 쉬게 하겠다"라고 답했다.

선물할 것은 너무나 많다

또한 힌두교에서는 마음에서 우러나오는 베풂이란, 말로 드러나지 않은 상대방의 욕구를 충족시켜 베푸는 것이라고 가르친다.

훗날 많은 이들에게 사랑받는 스승이 된 영적 탐구자가 젊은 시절에 심부름을 제대로 하지 않았다고 스승에게 호된 꾸지람을 들었다. 그보다 연배가 높은 또 다른 제자가 당황하고 혼란스러워하는 그에게 물었다.

"스승님이 왜 네게 그리 엄하신지 아느냐?"

젊은 제자는 스승이 자신을 심하게 야단치는 이유를 모르겠다고 대답했다. 그러자 연배 높은 제자가 그에게 세 가지 등급의 제자가 있다고 설명해 주었다. 세 번째 등급은 스승의 지시에 복종하기만 하는 제자이고, 두 번째 등급은 스승의 생각을 직관적으로 알아채기 때문에 뭘 하라고 지시할 필요가 없는 제자라고 했다. 그리고 첫 번째 등급은 스승이 생각하기도 전에 행동으로 옮기는 제자였다.

이 일화에 나오는 스승은 운동선수가 자신의 한계점을 넘어 더욱 강해질 수 있도록 강도 높은 훈련을 밀어붙이는 코치처럼 제자가 첫 번째 등급의 제자가 되기를 바란 것이다. 모든 관계에서 마음을 열고 남이 필요로 하는 것을 아는 법을 제자가 깨닫기를 바란 것이다.

인생은 우리 모두에게 마음의 직관을 활용해 다른 사람의 욕구에 익숙해지고 치유와 위안을 줄 것을 요구한다. 그것은 고차원이거나 도달할 수 없는 목표가 아니다. 당신은 당신만의 방식으로 언제나 다른 사람에게 무언가를 베풀고 나누어줄 수 있다. 따뜻한 격려의 미소나 감사의 말, 도움의 손길, 특별한 관점이나 기술, 또는 귀 기울여 들어주려는 마음 등을 말이다.

이처럼 당신은 당신만의 영향력 범위 안에서 수행하는 역할이

있으며, 당신의 마음이 언제, 무엇을, 어떻게 베풀고 나누어주어
야 할지 보여줄 것이다. 당신은 다만 마음에 귀를 기울이면 된다.

우리는 늘 서로에게 주고받는다

“엄마, 커서 엄마 같은 사람이 되고 싶어요.”

어느 날, 같이 차에 타고 집에 가면서 타라가 엄마에게 말했다.
꽉 막힌 도로 위를 능숙하게 운전하던 엄마가 물었다.

“왜 엄마처럼 되고 싶은데?”

그러자 어린 딸이 대답했다.

“전 엄마가 일을 척척 끝내는 게 좋거든요.”

그녀는 정말로 한꺼번에 여러 가지를 척척 해내는 데 선수였다.
싱글 맘으로 혼자 아이를 키우고, 직장에서도 중책을 맡아 일하
고, 밤이고 낮이고 터지는 직장의 긴급한 업무를 무리 없게 해결
했다. 그러나 그녀가 딸에게 가르쳐주고 싶은 가장 중요한 가르침
은 그것이 아니었다.

“그날 집에 도착해서 딸하고 이야기를 나누었어요. 인생에는
일을 끝내는 것만이 중요한 게 아니라고 딸한테 설명했어요. 진심
에서 우러나와 행동하고 사람들을 어떻게 대하는지가 더 중요하

다는 걸 가르쳐주고 싶었거든요.”

우리는 언제나 은연중에 누군가에게 가르침을 주고 있다. 특히 아이들은 누구보다도 그것을 잘 받아들인다. 두세 살 된 아기가 흉내 내는 것을 얼마나 좋아하는지는 아이의 행동만 봐도 알 수 있다. 아이들은 눈에 보이는 것 이상을 흡수한다. 이탈리아에서 여성 최초로 의학박사 학위를 받았고 몬테소리 교육법을 창시한 마리아 몬테소리 박사는 아이들이 여섯 살까지 주변의 모든 것을 스펀지처럼 흡수한다는 뜻으로 ‘흡수 정신’을 고안했다.

언젠가 나와 내 친구는 길거리의 모퉁이에 멈추어 섰는데, 한 엄마와 두 아이가 길을 건너려고 서 있었다. 길을 건너지 말라는 신호가 깜빡거렸지만 우리는 급했던 탓에 모퉁이 가장자리에서 길 건너로 달려가기 위해 차가 오는지 살폈다. 그때 엄마가 우리를 보고는 조용히 말했다.

“좋은 본보기가 아니에요.”

아래를 내려다보니 두 아이의 커다란 눈망울이 우리를 보고 있었다. 덕분에 이제는 신호등을 볼 때마다 한 번 더 생각한다.

우리를 지켜보고 우리에게서 영향을 받는 것은 아이들만이 아니다. 누구나, 전부 다 그렇다. 우리는 자신이 남들의 본보기라고 생각하지 않을 수도 있지만 인류의 위대한 스승들은 인생은, 심지어 영적인 영역도 우리가 제자인 동시에 스승의 역할을 하도록 구성되어 있다고 말한다. 당신이 가르침을 주어야 하는 사람들도 있고 당신이 가르침을 얻는 사람들도 있다. 당신의 태도와 말, 행동이 모두 누군가에게 본보기가 된다. 버스 정류장에 서 있거나, 회의에 참석하거나, 학교에서 자녀를 데리고 오거나, 스타벅스의 기다란 줄에 서서 기다릴 때도 당신은 누군가를 가르치고 있으며 누군가로부터 영향을 받고 있다.

- **잘못된 믿음**
  '일상생활에서의 내 행동은 남에게 별 영향을 끼치지 않아.'

- **진실의 말**
  '내가 무엇을, 어떻게 주는지가 세상을 바꿀 수 있어. 나는 언제나 주변에 영향을 주고 있고 좋은 본보기로 가르치고 있어.'

당신의 사소한 행동이나 반응이 별로 혹은 아무런 영향도 끼치지 않는다는 생각은 잘못이다. 과학자들이 말하는 나비 효과처럼 위대한 스승들은 우리가 무엇을 어떻게 하는지로 세상이 바뀐다고 말한다.

18세기 도교학자인 유일명의 말에도 그 뜻이 들어 있다.

"하루아침에 자신을 알고 사려 깊은 행동을 할 수 있다면 전 세계가 인도주의에 눈을 돌릴 것이다."

당신은 인도주의가 자신이나 다른 사람에게 달려 있다고 생각하는가?

당신이 잊고 있던 가장 큰 선물

당신이 삶을 사는 방식은 당신이 세상에 줄 수 있는 가장 큰 선물이다. 제1차 세계대전 중 독일의 침략에 저항한 벨기에의 메르시에 추기경은 이를 간결하고도 아름답게 표현했다.

"자신이 가진 것뿐만 아니라 자신의 존재도 주어야 한다."

인도에 전해 내려오는 오랜 이야기에도 베풂의 본질이 잘 드러난다.

어느 날, 홀로 산속을 여행하던 여인이 시냇가에서 반짝이는 예쁜 돌을 발견하고 자신이 들고 있던 보따리에 넣었다. 나중에 그녀는 며칠 동안 산속을 걸어 몹시 허기진 남자와 마주쳤다. 그녀는 기꺼이 자신의 보따리에서 먹을 것을 꺼내 그에게 주었고, 남자는 그 과정에서 그 돌을 보게 되었다. 남자는 그것이 단순한 돌이 아니라 그것을 팔면 평생 먹고살 돈을 손에 쥘 수 있는 값진 보석이라는 것을 알 수 있었다. 남자는 그녀에게 그것을 자신에게 줄 수 있는지 물었다. 그녀는 조금의 망설임도 없이 보석을 건네주었다. 남자는 어마어마한 보물을 손에 넣었다는 생각에 즐거워하며 길을 떠났다.

며칠 후, 여행을 계속 하던 여인은 그 남자와 또 마주쳤다. 남자는 발걸음을 돌려 그녀에게 달려왔다. 손에는 그 보석을 쥔 채였다.

"지혜로운 여인이여, 이렇게 값진 보석을 선물로 주어서 고맙소. 정말로 값진 물건이오. 하지만 나는 이걸 돌려주고 당신에게 더 큰 선물을 달라고 부탁하고 싶소. 이렇게 값진 보석을 내게 내어주는 당신의 내면에 있는 그것을 내게 주시오."

이 지혜로운 여인처럼 당신은 남에게 상상 이상으로 커다란 영감을 줄 수 있다.

함께하기에 아름답다는 것

성공하면 정말 행복해질까

성공과 지위가 자동차와 옷, 집, 휴가, 첨단 기기의 가격으로 결정되는 요즘, 행복과 성공은 돈으로 사고파는 물건과 가격표 숫자로 정해지지 않는다는 사실을 깨우치기는 쉽지 않다. 그러나 반드시 기억해야만 한다. 가진 것이 쌓일수록 행복도 그만큼 커지는 것이 아니라는 것을. 그리고 이 사실을 아이들에게도 가르쳐주어야 한다.

토마스 A. 해리스 박사는 그의 저서 《내가 괜찮으면 당신도 괜찮다》에서 더 큰 것, 더 나은 것, 더 많은 것에 대한 욕망은 안전함을 느끼고자 하는 연약한 내면의 유아적인 욕망에서 비롯된다고 지적했다.

그에 따르면 우리는 어른이 되어서도 자신이 안전하지 않다는 어린 시절의 생각을 여전히 간직한다. 어린 시절이 지나고 나서도 불안감에서 벗어나기 위해 물질적인 소유물을 계속 쌓아 둔다는 것이다.

사랑받지 못하고, 버려지고, 미움 받고, 놀림을 당했던 어린 시절의 두려움을 없애기 위한 방법으로 계속 소유물을 늘려만 간다. 그러나 그 과정에서 우리는 한 TV 프로그램에서 크리스마스 선물로 뭘 받았는지 질문을 받은 소년처럼 혼란스러운 어른이 될 수 있다. 그 소년은 혼란스러워 하며 이렇게 답했다.

"잘 모르겠어요. 너무 많아서요."

정말로 물질이 우리를 행복하게 해줄 수 있다면, 돈 많고 인기 많은 유명인들이 우울증에 빠지거나, 약물에 중독되고, 파괴적으로 변하는 사례를 그렇게 많이 접하지 않아도 될 것이다.

사회 심리학자인 데이비스 마이어스는 전 세계 수천 명을 대상으로 한 연구를 바탕으로, 우리를 진정으로 행복하게 만드는 요소와 그렇지 않은 요소를 발표했다. 그 결과는 당신의 생각과는 전혀 다르다.

그의 조사에 따르면 미국인의 2002년 1인당 수입은 인플레이

션을 고려할 때 1957년보다 두 배 이상 증가했다. 미국인들은 부의 증가 덕분에 두 배나 더 많은 물건을 구입할 수 있게 되었다. 미국인들은 두 배 더 행복해졌을까? 이 시대의 가장 엄청난 모순이지만, 그 대답은 정반대였다.

그의 조사에 따르면 현대인은 더 행복해진 것도 아닐뿐더러 이혼율은 두 배, 10대 자살률은 세 배로 늘어났고, 우울증에 걸리는 사람도 급증했다. 유럽과 호주, 일본에서도 소득 증가로 사람들이 더 행복해진 것은 아니다.

그는 현실에 충실하기, 휴식, 시간 관리, 친구 들을 비롯한 여러 가지가 행복의 요소로 작용한다고 말한다. 흥미롭게도 이 요소들은 모두 자신을 존중하는 건전한 습관과 연결된다.

《머니》지의 칼럼니스트인 진 채츠키는 《부자가 되지 않아도 된다》라는 책을 쓰기 위해 1,500명이 넘는 사람들을 대상으로 설문조사를 했다. 그 과정에서 그는 돈이 행복에 생각만큼 중요한 역할을 하지 않는다는 사실을 발견했다. 집이나 음식, 교통, 휴가에 사용할 돈이 충분해야 하는 것도 중요하지만, 가족의 소득이 일정 수준에 도달하면 더 이상 돈이 행복감을 올려 주지 못한다는 사실을 그의 연구는 보여준다.

왜 인색할수록 가난할까

동서고금을 막론하고 먼저 깨우친 이들은 돈이 행복과 성공의 잣대라는 생각이 잘못되었음을 꿰뚫어 보았다. 그들은 행복과 성공이 '흐름'이라는 가장 중요한 요소에 의해 좌우된다는 사실을 알고 있었다.

자연의 이치를 살펴보면, 세상은 끊임없이 주고받으며, 시작하고 마무리된다는 사실을 알게 된다. 우리도 그와 똑같이 받은 것을 나누어야 한다는 사실을 깨달을 때 자연의 이치와 조화를 이루게 된다.

우리가 세상에서 무언가를 받는 이유도 그 때문이다. 독일 하멜른의 글뤼켈은 17세기에 자녀들을 위해 쓴 회상록에서 "우리의 소유는 아무것도 없다. 전부 빌린 것이다"라고 했다.

인생에서 빌린 것을 어떻게 사용하는지가 얼마나 받을지를 결정한다. 우리는 살면서 특정한 자원을 받는다. 그것은 기회나 돈, 인간관계, 재능, 물건 등의 형태로 나타난다. 우리에게 저절로 주어진 것을 다른 사람에게 베풀고 올바로 활용하면 더 많은 것이 우리 인생으로 흘러 들어온다. 왜 그럴까?

이는 우리가 안팎으로 주어진 자원을 지혜롭게 사용할 수 있음을 알고, 세상이 우리에게 더 많은 것을 빌려주기 때문이다. 신용

도가 높으면 은행에서 더 많은 돈을 대출받을 수 있고, 평소에 탁월한 업무 처리로 상사의 신뢰를 얻어 두면 중요한 프로젝트의 책임자를 맡게 되는 것과 마찬가지다.

성경에도 이와 똑같은 법칙이 들어 있다.

주인이 여행을 떠나면서 세 하인에게 달란트를 맡겼다. 주인이 여행에서 돌아와 보니 각각 5달란트와 2달란트를 맡긴 하인들은 돈을 두 배로 불려 놓았다. 주인은 "잘했다. 너희는 사소한 일에도 충실하니 더 많은 책임을 맡겨도 되겠구나"라고 했다.

반면에 1달란트를 맡은 하인은 돈을 잃어버릴까 두려워 안전하게 땅에 파묻어 두었다고 고백했다. 그러자 주인은 이자를 챙기지 않았다고 크게 꾸짖으며 쫓아냈다.

그리고 그 하인에게 맡겼던 달란트를 가장 큰 이익을 올린 하인에게 주면서 "더 많이 가진 자는 반드시 나누어주어야 하며, 그리하면 넘치게 가질 것이다"라고 말했다.

심오하고도 난해한 비유지만, 베풂과 받음의 기술에 관한 교훈으로 바라본다면 이해하기 쉽다. 이 우화는 우리의 마음을 들여다보고 이렇게 질문하게 한다.

- 나는 내 '달란트'를 어떻게 사용하고 있는가?
- 내 달란트를 숨기고 있는가, 아니면 내 영향력의 범위 안에서 결실을 맺을 수 있도록 제대로 활용하고 있는가?
- 혹시 내게 공짜로 주어진 선물을 혼자만 간직하고 있지는 않은가, 아니면 그 선물을 마음껏 나누어주고 더 많이 돌려받고 있는가?

지혜롭게 나누어주고, 세상을 움직이는 흐름에 몸을 맡겨라. 많이 나누어줄수록 더 많이 받는다. 베풂과 받음의 흐름을 늘려 갈수록 그 흐름은 더 커진다. 그것은 펌프를 가득 채우는 것과 마찬가지다. "주면 줄수록 줄 것이 더 많이 생기는 법이다. 어머니의 젖이 그렇듯이"라는 앤 모로 린드버그의 말처럼.

이렇게 볼 때 풍요로움은 진심으로 주고 싶어 하는 마음과 관련이 깊다. 삶의 풍요로운 흐름이야말로 진정한 성공의 잣대라고 할 수 있다. 자원과 재능, 시간, 지금까지 배운 교훈 등 받은 것을 기꺼이 나누어주려고 하기 때문이다. 받은 것을 다른 사람에게 나누어주므로 더 많이 받는 것이다.

- **잘못된 믿음**
  '내 거야, 내가 독점할 거야, 내가 다 가질 거야. 나만 가져야 내가 더 많이 가질 수 있어.'

- **진실의 말**
  '주변에 더 많이 나누어줄수록 더 많이 받게 되는 거야.'

실제로 베풂이 개인뿐 아니라 국가의 부를 자극한다는 흥미로운 통계도 있다. 경제와 공공 정책 분야의 전문가인 아서 C. 브룩스는 자료를 분석한 결과, 많이 베푸는 국가일수록 그 덕으로 더 많이 얻는다는 사실을 알아냈다. 그는 "더 많이 베푸는 것은 단순히 더 높은 소득과 관련될 뿐 아니라 실제로 소득을 올려 주기도 한다"고 말했다. 또한 그는 사람들이 자선 활동 덕분에 리더의 자리에 오른다는 사실도 알아냈다.

사람들은 왜 그를 찾는 걸까

마음의 근육은 베풂과 받음을 통해 단련할수록 더 튼튼해진다.

마음의 근육이 탄탄해지면 베풂과 받음이 숨을 들이마시고 내쉬는 것처럼 자연스러워진다. 내 친구인 리처드는 마음을 열어 아낌없이 줄수록 더 많이 주고받을 수 있다는 사실을 보여주는 좋은 본보기다.

내가 그를 처음 만났을 때 그는 50대의 나이에 이미 세 차례의 심장 개복 수술과 아홉 차례의 응급 심장 수술, 그리고 스무 차례나 되는 심장 치료를 거친 상태였다. 의사들은 그를 '걸어 다니는 기적'이라고 불렀다.

그러나 평소의 그는 낙천적인 성격이라 그렇게 아찔한 위기를 수없이 겪어 왔다는 사실이 전혀 티 나지 않았다. 심장이 오늘 하루 동안 제대로 버텨 줄지도 확신할 수 없는 상황이었지만 그는 그 누구보다 진실하고 평화롭고 너그러웠다.

그는 아픈 심장 덕분에 마음이 무엇을 할 수 있는지 더 잘 알 수 있었다. 그는 매일 진실한 마음으로 하는 명상을 좋아했고, 사랑을 실천할 수 있는 기회가 있을 때마다 감사했다. 덕분에 그 자신이 많은 것을 받았다.

그는 건강식품 매장을 운영하고 있었다. 그의 매장에는 딱히 꼬집어 말할 수는 없지만 신비한 마법이 넘쳐 있었다. 매장은 성장을 거듭해 엄청난 성공을 거두었다. 그는 뛰어난 비즈니스 감각 때문에 성공한 것은 아니라고 말했다.

"나는 사업의 사 자도 잘 모르는 사람이에요."

그러나 옆에서 지켜본 사람이라면 누구나 그가 사업의 성공 비결을 잘 알고 있다고 생각하지 않을 수 없었다. 그의 사업이 그토록 번창한 이유는 그가 건강을 지키기 위해 도움을 구하러 찾아오는 이들을 돕는 일을 진정으로 사랑했기 때문이다. 그에게 매장 운영은 베풂의 수단이자 실천이었다.

내가 늦은 시간에 전화를 걸 때마다 그는 매장 안쪽에 있는 사무실에서 모든 일이 제대로 돌아가고 있는지 꼼꼼하게 살펴보고 있었다. 그리고 대화를 나눌 때마다 그가 손녀딸이나 가족, 직원, 고객, 지인 들을 애정을 가득 담아 대한다는 사실도 알 수 있었다. 그는 눈에는 보이지 않지만 분명하게 존재하는 마음의 연결고리를 그들과 나누고 있었다.

그는 우리 모두가 인정하지 않으려고 애쓰는 진실, 바로 '내가 살날이 한정되어 있다'는 사실을 매일 마주하며 살았다. 그는 자신에게는 물론 우리 모두와 관련 있는 바로 그 사실을 돌이켜 생각해 보는 연습을 쉬지 않았다.

'오늘은 내가 이 환경에서 이런 방법으로 이 사람들과 주고받을 수 있는 마지막 날일지도 모른다. 그렇다면 나는 오늘 그들에게 무엇을 줄 것인가?'

그에게는 매일 새롭게 시작되는 하루가 자신의 마음에서 사랑의 선물을 가지고 나올 수 있는 또 한 번 주어진 기회였고, 줄 수 있는 것을 늘리는 기회였다. 그래서 그는 기쁨을 느끼며 오래 살 수 있었으리라.

- 잘못된 믿음
  '내 행복과 성공은 내가 얼마나 받을 수 있는지에 달려 있어.'

- 진실의 말
  '진정한 행복과 성공은 더 많이 받는 능력이 아니라 더 많이 주는 능력에 달려 있어.'

노자는 이렇게 말했다.

"현명한 사람은 쌓아 둘 필요가 없다. 남을 위해 마지막 종이 한 조각까지 다 주고 나면 이미 전보다 더 많이 가지게 된다. 주면 줄수록 그의 소유는 늘어난다."

리처드는 노자의 말을 직접 삶으로 보여준 훌륭한 본보기다. 그가 보고 싶다. 마음의 방식을 우리에게 가르쳐준 그에게 항상 감사한다.

돈은 나쁘고 더러운 것?

주면 줄수록 많이 받는다는 보편적인 진리는 경제적인 문제에도 적용된다.

인류의 스승들이 풍요로움을 하찮게 여긴다는 것은 사실이 아니다. 그들은 돈을 좋은 일을 하거나 남을 돕기 위한 도구로 보는 것에는 흐뭇해한다. 하지만 그들은 탐욕과, 얻을 것만 생각하고 부를 바라는 위험에 대해서는 분명하게 경고한다.

문제는 돈이 아니라 돈과의 관계라고 인류의 스승들은 말한다. 성경에서는 돈이 악의 근원이라고 말하지 않는다. 오히려 돈에 대한 사랑이 악의 근원이고, 돈을 탐하면 많은 고난이 닥칠 수 있다고 말한다.

돈 자체가 더럽다는 잘못된 믿음은 어디에서 오는 걸까? 저 깊은 곳에서 스멀스멀 올라와 당신을 저지하는 또 다른 잘못된 믿음은, 물질적인 것은 전부 악이고 정신적인 것은 선이라는 생각과 연관이 있다. 지혜로운 이들은 삶의 정신적인 측면과 물질적인 측면이 함께 간다고 말한다. 둘은 상호 연관적이고 통합적이며 상호 의존적이다.

이렇게 생각할 수 있다. 물질세계는 플루트고 정신세계는 플루트를 부는 숨결이다. 실제로 정신을 뜻하는 영어 스피릿(spirit)은

'호흡' 또는 '영감'을 뜻하는 라틴어 스피리투스(spiritus)에서 나왔다. 플루트는 창조적인 정신을 불어넣어 노래를 연주하기 전까지는 속이 텅 빈 나무나 금속 조각에 불과하다. 더 중요한 사실은 아름다운 멜로디를 내기 위해 정신에는 물질적인 도구가 필요하다는 것이다. 내적인 세계와 외적인 세계는 서로 함께해야만 잠재력을 실현할 수 있다.

이렇게 생각한다면 물질적인 것이 그 자체로 어떻게 나쁘다고 할 수 있을까? 정신적인 속성을 표현하고 내면의 선물을 베풀기 위해 물질적인 자원을 활용하는 것은 지극히 자연스럽다. 당신에게 주어진 물질적인 기반을 활용해 사랑을 실천할 때 베풂과 받음의 마법 같은 흐름이 생겨난다. 그리고 그보다 영적인 일은 없다.

교회나 절에 갈 때만 영적이 될 수 있고 기도나 명상을 할 때만 정신적인 자아를 만날 수 있다고 생각하기 쉽다. 물론 그런 장소와 기회가 내면의 불빛을 밝게 하고 계속 이어가는 데 도움을 주기는 한다.

그러나 인류의 위대한 스승들은 영적인 정신이 일상과는 별개라고 생각하거나 세상에서 물러나 산속에서 은둔해야만 영적이 되거나 영적인 자아가 될 수 있다는 생각이 우리를 극도로 제한한다고 지적한다. 우리의 영적인 부분은 언제나 우리 안에 있다. 어디서 무엇을 하든 언제든지 끄집어내고 표현할 수 있다.

일상적인 삶은 당신이 진정한 본성과 영성을 표현할 수 있는 수단이다. 영적이 된다는 것은 정신없이 돌아가는 세상에서 탈출해 열반에 드는 것이 아니다. 물질적인 세계와 하나 되어 흐트러진 마음을 하나로 모으는 것이다. 가장 평범한 순간에 하는 선택이야말로 당신이 무엇을 어떻게 베풀어야 하는지를 결정한다.

이 관점에서 볼 때 돈과 물질은 부정적인 것이 아니라 도구일 뿐이다. 생존하기 위해서는 의식주를 해결할 돈이 필요하다. 고아원이나 학교, 병원을 짓고 불행한 처지에 놓인 사람들을 돕기 위해서도 돈이 필요하다. 마음에서 우러나와 돈이나 물질을 활용한다면 풍요로움으로 여러 가지 좋은 일을 할 수 있다. 그러나 의식적으로든 잠재적으로든 돈이 나쁘거나 심지어 더러운 것이라고 생각한다면 자신도 모르게 삶에 풍요로움이 들어오는 것을 막아버리게 된다.

당신은 당신에게 주어진 역할을 수행하는 데 필요한 풍요로운 자원을 모두 받을 수 있다. 그것들을 전부 기꺼이 받아들여라. 더 많이 인생으로 끌어들여라. 무엇을 받고 어떻게 베푸는지 제한을 두지 마라. 지혜롭게 베풀고 진심으로 자신을 존중한다면 그 자원의 흐름은 계속될 것이다.

베풀기 위해 베푸는 게 아니다

베푸는 이유가 그것을 필요로 하는 사람들에게 도움이 되기 때문만은 아니다. 베푸는 행위는 받는 사람만큼이나 주는 사람에게도 절실하다. 마음을 열고 자신을 베풀면 그 이상을 돌려받는다.

예를 들어, 불교의 큰 갈래 중 하나인 대승불교에서는 관용을 베풀수록 연민이 커진다고 말한다. 베풂을 뜻하는 산스크리트어 '다나'는 열반에 들기 위해 꼭 수행해야만 하는 여섯 가지 파라미타 중 첫 번째다.

마찬가지로 재산의 일부를 기부하는 자선 행위를 뜻하는 '자카트'는 이슬람에서 규정하는 기본적인 의무인 다섯 가지 기둥에 속한다. 유대교에는 도움이 필요한 사람과 가치 있는 명분을 위해 돈이나 도움을 베푸는 '체다카'가 있다. 기독교에도 예수의 제자 바울은 "사랑은 언제까지나 스러지지 않는다"는 말로 자비를 믿음과 희망보다 중요시했다. 그 유명한 성 프란시스의 기도에도 "베풂으로써 받는다"라고 되어 있다.

베풂의 법칙은 기독교의 십일조에도 들어 있다. 십일조는 수입의 10분의 1을 하느님에게 바치는 것이다. 십일조는 당신의 영성을 풍요롭게 해주는 근원에게 전하는 감사의 뜻이다. 이것은 돌려주는 것은 생명을 주는 일이라는 단순한 믿음을 바탕으로 한다.

힌두교의 《바가바드 기타》에도 같은 내용이 적혀 있다. "신들에게 양분을 공급하면 신들도 네게 양분을 공급하리라. 아무것도 돌려주지 않고 받기만 하는 사람은 도둑이나 다름없다."

이런 원칙은 단순한 이론이 아니다. 지극히 실제적이며 직접 시험해 보기도 어렵지 않다. 당신은 자신도 모르는 사이 이미 실행해 보았을지 모른다.

옷장을 정리하면서 더 이상 필요하지 않은 물건을 어려운 사람들에게 나누어주고 나서 당신이 정말로 필요로 했던 무언가를 얻은 적이 있는가? 필요하지 않은 옷을 나누어주거나, 자원봉사를 하거나, 부정적인 인간관계를 끝내거나 등등의 수단이나 방법은 중요하지 않다. 자연은 태생적으로 텅 빈 것을 싫어한다. 비워질 때마다 채워질 것이다. 언제나 기대한 만큼 정확하게 돌려받지 못할 때도 있겠지만, 당신이 나누어주고 베푸는 에너지는 반드시 당신에게 돌아온다. 몇 배씩 커져서 돌아오는 경우도 많다.

직장을 잃고 힘든 도전과 시련의 시기를 보낼 때, 나는 줄이고 포기하고 나누어주는 것을 반복하고 있는 자신을 발견했다. 입지 않는 옷들을 구세군에 기부했고, 마당에 무성하게 자란 관목을 열심히 다듬었다. 무릎을 꿇고 앉아 잡초도 뽑아냈다. 머리도 짧게 잘랐고, 비영리 기관에서 봉사하는 시간도 늘렸다.

힘들었지만 내게는 치유의 시간이었다. 내 인생의 하나의 막이 끝나고 새로운 막이 시작된다는 신호였다. 그때의 내 행동은 내 안에서 일어나고 있던 일이 겉으로 표현된 것이었다. 새로운 성장을 위해 더 분명하게 볼 수 있도록 묵은 과거를 깨끗하게 치워 버리는 것이었다. 느리지만 확실하게 뚫린 공간을 만들어 나간 덕분에 좋은 기회와 새 친구, 그리고 내 인생에 필요한 변화까지 전부 들어올 수 있었다.

─믿음을 이어 주는 베풂의 기술─

베풂을 향하는 당신의 마음을 존중하는 여섯 가지 도구

마음을 담은 베풂은 다른 사람의 마음에 생기를 불어넣어 주는 것과 같다. 베풂은 자신의 존재 이유를 존중하는 일이다. 특별한 이벤트를 하거나 많은 돈을 쓰지 않아도 좋은 것을 나누어주고 베풀 수 있다. 마음의 선물, 그들의 마음에 감동을 주는 선물이야말로 가장 값지다.

마음에서 우러나와 창조적이고 지혜롭게 베푸는 연습을 하면서 더욱 진실하고 친밀한 연결고리를 만들 수 있는 방법을 소개한다.

질문을 하라

누군가 화를 내거나 기분이 언짢거나 무뚝뚝한 모습을 보일 때 비난하거나 섣불리 판단하거나 업신여기는 듯한 태도로 "도대체 뭐가 문제야?"라고 말하거나 그렇게 생각하지 말자. 그보다는 "왜 기분이 상했어? 내가 지금 어떻게 도와줄 수 있을까?"라고 묻자. 당신은 상대방의 문제를 직접 해결해 줄 수는 없지만, 그들이 자신의 감정을 파악하고 무엇이 필요한지 정확하게 표현하도록 도와줄 수는 있다. 주변 사람들이 숨은 욕구를 발견할 수 있도록 마음을 열고 도와주자.

그들에게 감사의 선물을 전하라

특별한 날에만 선물을 주어야 한다고 생각하는가? 언제든 작은 것이라도 자연스럽게 마음에서 우러난 선물로 감사의 마음을 전달하거나 힘들어하는 이들을 위로해 주자. 마음에서 우러나오는 소박한 즉석 선물은 당신의 마음을 언제나 활짝 열어 줄 뿐만 아니라 더 많이 주고받을 수 있도록 해준다.

창조적인 선물을 보내라

급하게 선물을 사지 말고 천천히 궁리해 보자. 어떤 선물이 그의 마음에 이어질 수 있을지 생각해 보자. 크고 비싼 선물이 최고가 아니라는 사실을 기억하자. 누군가와 좋은 시간을 보내는 것도 뜻깊은 선물이다. 자녀나 형제자매와 각자 따로 둘만의 데이트를 마련해도 좋다. 가능성은 무궁무진하다.

모든 관심을 쏟아라

당신은 당신을 필요로 하는 사람들에게 시간을 내어 주는 편인가? 동료나 친구, 파트너, 자녀가 당신과 대화를 하고 싶어 할 때 전화

통화나 SNS, TV 등 다른 일을 하면서 대하는가? 온 관심을 집중하는 것은 상대방을 존중한다는 뜻이 담긴 너무도 값진 선물이다. 대화 주위에 원을 그려라. 당신과 상대방 사이에서 에너지가 계속 순회할 수 있어야 한다. TV를 끄고, 전화를 내려놓고, 상대방의 눈을 보면서 귀를 기울이는 행동이 상황을 바꿀 수 있다. 당신이 온 정신을 집중할 만큼 마음을 쓰고 있다는 표시다.

인생의 지혜를 나누어라

누구나 경험을 통해 깨우친 특별한 지혜가 있다. 당신의 지혜를 꺼내 나누어주는 것은 오랜 갈증에 시달린 사람에게 시원한 물 한 잔을 베푸는 것과 같다. 당신은 의도적으로 지혜를 나누어주고 있는가? 어디서부터 시작해야 할지 모르겠다면 소중한 가르침을 준 힘든 경험을 떠올려 보라. 우연히 들은 노래 가사거나 누군가의 칭찬 한마디, 책의 한 구절이 당신에게 변화의 순간을 가져다주었을지도 모른다. 필요한 사람들과 그 지혜를 나누자.

집착을 버리고 흐름을 끌어들여라

당신의 인생에 '흐름의 마법'이 일어나지 않고 있다면 단순한 공식을 떠올려 보라.

"나누어주고 베풀어야만 내 인생에 새로운 것이 들어올 수 있다."

입지 않는 옷은 구세군 등에 기부하자. 의미 없는 인간관계나 책임, 습관에 시간을 낭비하는 대신 도움이 필요한 사람을 도와줄 수 있는 방법을 찾자. 당신의 전문 지식이나 기술을 좋은 곳에 쓸 수 있는 방법을 찾아보자. 자녀가 더 이상 쓰지 않는 장난감을 모아 자선단체에 기부하자. 이렇게 인생의 잡동사니를 치워 버리고 베풂과 받음의 흐름이 원활하게 이루어질 수 있는 공간을 열어 놓자. 진심 어린 관용은 언제나 보답을 받게 마련이다.

내 마음이 원하는
바로 그것

"시작과 끝은 서로에게 손을 내민다."

—중국 속담

베풀기 전에 생각할 것들

열어야 할 때와 닫아야 할 때

"우리에게 일어나는 모든 일을 두 팔 벌려 받아들여야 한다."

이 말은 살면서 우리가 주변에서 흔하게 듣는 말이다. 이 말은 과연 잘못된 믿음일까, 진실의 말일까?

누구나 한 번쯤은 원하지 않는 사람이나 상황과 맞닥뜨린다. 그때 인류의 위대한 스승들은 '우리의 인생에 족적을 남기는 모든 이들을 환영하라'고 가르치지만, 그것이 전부는 아니다. 역설적으로 그들은 '문을 두드리는 모든 이들에게 문을 열어 주지는 말라'고도 조언한다.

우리의 인생에 나타나는 모든 것을 받아들이는 일은 창문 밖에 있는 도둑을 현관으로 들어오게 해서 마음껏 집안을 뒤지라고 하는 것과 마찬가지다. 그렇게 할 사람은 아무도 없을 것이다. 침입자가 당신의 에너지와 감정을 마음대로 소모하도록 방치할 이유는 없다.

그러나 침입자의 접근을 언제나 눈치챌 수 있는 것은 아니다. 어떤 기회나 인간관계가 자신에게 필요한 것이라고 생각했지만 결국은 배신당하거나 혼란에 빠질 수도 있다.

이런 인간관계나 기회는 비록 큰 실망을 안겨 주지만 나름의 목적을 수행한다. 자신을 더 잘 알 수 있는 기회를 만들어 주기 때문이다. 또한 인생에서 자신이 무엇을 원하고 원하지 않는지 분명하게 알 수 있게 해준다. 자신을 존중하려면 두 눈을 크게 뜨고 있어야 한다는 사실도 알려준다.

부당함을 무조건 받아들여야 할까

개방적이고 친절한 사람이 되라는 말은 위험에 뛰어들라는 뜻이 아니다. 열린 마음과 어리석음은 다르다. 위대한 스승들은 둘 사이를 신중하게 구분해서 걸으라고 조언한다.

평화를 주창한 위대한 스승 예수가 제자들을 세상에 내보낼 때면 항상 역설적인 당부를 했다.

"내가 너희를 보냄이 양을 이리 가운데 보냄과 같도다. 그러니 너희는 뱀같이 지혜롭고 양같이 순결하라."

예수는 한쪽 뺨을 치면 다른 쪽 뺨도 내밀라고도 가르쳤다. 그러나 예수가 항상 경계하고 자신을 보호하라고 했다는 사실도 잊으면 안 된다. 예수는 인간을 조심하라고 가르쳤다.

"거룩한 것을 개에게 주지 말며 너희의 진주를 돼지 앞에 던지지 마라. 돼지가 그것을 짓밟고 돌아서 너희를 찢어 상하게 할까 염려하라."

베풀어야 할 때와 상처가 되는 상황을 끝내야 할 때에 대한 기준이 분명한가? 이 때문에 무엇이 가장 유익한 결과를 가져다줄지 아는 판단력이 필요하다. 동양에서 전해져 내려오는 한 이야기에는 그런 결정의 핵심이 색다르게 담겨 있다.

스승에게서 자애심을 키우는 법을 배우는 젊은 여인이 있었다. 그녀는 매일 집에서 명상을 마치고 시장에 갔는데, 상인 한 명이 그녀를 희롱했다. 그녀는 자애심으로 모든 사람을 대하려고 노력했지만 상인의 무례함 때문에 인내심이 한계에 이르렀다.

화가 머리끝까지 치민 그녀는 상인에게 우산을 휘둘렀다. 바로 그때 반대편에서 조용히 그 모습을 지켜보는 스승이 보였다. 당황한 그녀는 스승에게 가서 그동안 있었던 일을 설명하고, 자신이 스승의 가르침을 실천하는 데 실패한 것 같다고 말했다. 그러자 스승은 평소와 다름없는 부드럽고 상냥한 표정으로 말했다.

"다음에도 똑같은 일이 생기면 마음속에서 더욱 커다란 자애심을 모아 그 불한당의 머리를 내리쳐라."

사랑을 베푸는 사람이 되고 싶다고 해서 다른 사람의 악행을 참고 견뎌야 한다는 뜻은 아니다. 스승은 제자가 자신을 사랑하고 존중하지 않고서는 자애심을 키울 수 없다는 사실을 잘 알고 있었다. 상인의 무례한 행동을 그대로 내버려두는 것은 제자가 자신을 존중하는 행위라고 할 수 없다. 또한 상인이 적절한 경계를 넘어오는 것을 내버려두면 그녀의 마음속에 상인을 향한 증오와 분노가 생기므로, 자애심을 키우고자 하는 그녀의 의지에도 부합하지 않았다.

만약 그녀가 저항하지 않았다면 상인은 계속해서 그녀를 부당하게 대했을 것이다. 뿐만 아니라 그녀가 상인의 행동을 내버려두는 것은 상인에게도 도움이 되지 않는다.

상인의 무례한 행동을 내버려두면 상인은 헛된 위세와 폭력을 당연하게 여길 것이다. 그녀는 자신의 의도와는 상관없이 피해 의식과 위축감에 시달릴 것이다. 이렇게 상인의 해로운 행동이 계속된다면 상인 자신은 물론 그녀에게도 손해가 된다.

앞서 언급했듯이 정서적인 학대나 신체적 공격, 심한 비판, 미묘한 무시, 그 외 당신의 진정한 가치를 깎아내리는 모든 행동 및 다른 사람의 학대 행위에 소극적으로 반응한다면 자신은 물론 남에게도 도움이 되지 않는다.

상처를 주는 것들을 거절하고 그 상황에서 벗어남으로써 자신을 자유롭게 만드는 일이 가장 고귀한 사랑의 실천일 수 있다.

그에게 돌려주어야 할 것

고통스러운 상황에서 진실을 찾으려는 노력은 당연히 큰 도움이 된다. 가혹하거나 악의가 담겨 있더라도 남의 말이나 행동은 그동안 들여다보기를 거부했던 자신의 행동을 똑바로 볼 수 있도록 깨우쳐준다. 그와 동시에 당신에게 향한 모든 말과 행동이 당신에 관한 것이 아님을 기억해야 한다. 때로는 당신과 전혀 상관이 없을 수도 있다. 상대방이 그의 내면에서 벌이는 싸움이 당신의 인생에 흘러온 것일 수도 있다.

그런 경우에 자신을 존중하려면 개인적인 행동을 취하지 말고 다른 사람의 잘못된 행동을 자신의 탓으로 돌리지 말아야 한다. 상대방의 말이나 행동이 맞는다면 인정하되, 그렇지 않다면 굳이 받아들이려고 애쓸 필요는 없다.

사람들이 붙이는 꼬리표는 진정한 당신의 모습이 아니다. 당신이 그 꼬리표를 받아들여야만 당신의 일부가 되는 것이다. 아프리카 속담에 그 의미가 잘 표현되어 있다.

"네가 나를 무엇이라고 부르는지가 아니라 내가 무엇에 답하는지가 중요하다."

그리고 이 질문을 통해서도 생각해 볼 수 있다.

"내가 나를 존중한다면 누가 나를 정말로 무시할 수 있겠는가?"

부처의 인생에는 그 질문의 답이 명확하게 들어 있다.

어느 의심 많은 남자가 부처에 대한 소문을 듣고 생각했다.

'과연 자기를 학대하는 사람까지도 사랑으로 대하고, 악에도 선으로 돌려줄지 궁금하군.'

그는 부처가 머무는 곳으로 가서 말로 그를 공격하기 시작했다. 무자비한 비난을 쏟아 낸 것이다. 부처는 차분하게 듣고만 있다가 마침내 그가 비난의 말을 멈추자 간단한 질문 하나를 했다.

"중생이여, 그대가 선물을 가지고 갔으나 상대방이 받지 않는다면 그 선물은 누구의 것이겠소?"

그러자 그가 대답했다.

"선물을 가져간 사람의 것이겠지요."

"그대가 나를 욕하고 조롱했으나 나는 그것을 받지 않았으니 그것은 그대의 것이오. 그 욕이 그대를 괴롭게 하지 않겠소? 그것은 메아리가 소리를 따르고 그림자가 형상을 따르는 것과 같소. 그대는 스스로 범한 죄업에서 결코 벗어날 수 없소."

부처는 두 가지 유추를 들어 가르침을 계속했다.

"악한 사람이 선한 사람을 해치는 것은 허공을 향해 침을 뱉는 행동과 같소. 침은 허공에 머물지 않고 자기 얼굴로 떨어지기 마련이오. 그리고 바람을 거슬러 흙을 뿌리는 일과도 같소. 흙은 바람이 불어오는 쪽으로 가지 않고 도리어 자기 쪽으로 돌아올 것이오. 어진 사람은 해칠 수가 없소. 그 사람을 해치려고 하면 결국 그 화는 자기에게로 돌아오는 법이오."

그 말을 들은 남자는 자신의 어리석음을 깨닫고 돌아갔다. 나중에 그는 부처에게 더 많은 가르침을 얻기 위해 찾아와 제자가 되었다.

이 일화를 종교적인 관점에서만 본다면 부처를 비난하는 사람이 부처의 지혜로운 말을 듣고 참회하는 이야기, 부처의 위대함을 설파하는 이야기로만 보인다. 하지만 우리는 이 이야기에서 다른 사람이 괴롭힐 때 올바르게 반응하는 법에 대한 훌륭한 가르침을 얻을 수 있다.

만약 부처가 남자의 비난을 그대로 믿었다면 자신을 의심하기 시작했을 것이다. 그의 말을 전부 받아들이고 자신을 정의 내릴 자격을 그에게 주었을 것이다. 또한 불같이 화를 내고 상대방을 몰아세웠다면 상대방의 화를 돋워 사태가 더욱 심각해졌을 것이다. 어떤 경우라도 부처가 과민 반응을 보였다면 자신만의 관점과 진실을 볼 수 있는 통찰력을 잃었을 것이다.

그러나 부처는 자신을 옹호하고 상대방이 들어야 할 진실을 사랑을 담아 전파했다. 결과적으로 자신을 존중하고 상대방을 자유롭게 만들 수 있었다.

● 잘못된 믿음
'사랑을 베풀려면 내게 일어나는 모든 걸 받아들여야 해.'

● 진실의 말
'거절하고 벗어나는 게 가장 커다란 사랑일 때도 있는 법이야.'

또한 이 일화에는 또 다른 소중한 가르침이 들어 있다. 사랑이 우유부단하거나 소극적인 행동이 아니라는 점이 그것이다.

선을 긋거나 해로운 상황을 끝내 버리는 행동은 솔직하고 단호한 모습일 뿐만 아니라 사랑과 배려를 담을 수도 있다. 어떤 행동을 하는지 뿐만 아니라 어떻게 하는지도 중요하다.

부처는 상대방의 속임수에 넘어가 '당신은 형편없는 사람'이라고 똑같이 욕하지 않았다. 대신 상대방의 욕과 비난을 받아들이지 않겠다는 점을 분명히 밝혔다. 부처가 그의 비난을 받아들이지 않음으로써 그 모욕은 부처에게 와 닿지 않은 것이다. 부처는 솔직함과 사랑으로 자신의 생각을 전달함으로써 그 상황에서 벗어나 그 남자가 자기 자신을 돌아볼 거울을 제시했다. 결국 그 남자는 자신의 나쁜 행동이 남을 해치지 못하고 오히려 자신에게 되돌아올 뿐이라는 사실을 깨달았다.

이렇게 자신과 남을 존중하면 자신에게 엄청난 힘이 주어진다. 자기 방어적인 자아가 아닌 사랑과 선의로 가득한 마음이 우러나오기 때문이다. 그래서 부처는 말했다.

"누군가 내게 어리석은 잘못을 한다면 나는 진심에서 우러나온 사랑의 말로 되돌려 주겠다."

사랑이 담긴 정직함은 선물이다. 애정을 담아 솔직하게 선을 긋고 다른 사람의 해로운 행동을 받아들이지 않음으로써 당신은 자

신을 존중할 뿐만 아니라 상대방의 가장 숭고하고 위대한 부분을
지켜줄 수 있다.

세익스피어도 이렇게 노래했다.

"무엇보다 자신에게 진실하라. 그러면 밤이 낮을 따르듯 모든
사람에게 진실할 수 있을 것이다."

감정에 솔직해져라

느끼지 않을 수 없을 때 심오한 사고가 이루어진다.
— 메리 울스턴크래프트

마음이 내게 호소할 때

존중(honor)과 솔직함(honest). 이 두 단어는 모두 '존중' 또는 '존엄성'을 뜻하는 라틴어 호노스(honos)에서 나왔다. 혹시 두 단어 사이에 공통점을 발견하지 못했는가? 그렇다면 자세히 들여다보자.

먼저 자신에게 솔직해야만 자신을 존중할 수 있다.

솔직함은 심오한 자기 인식에서 나온다. 몸과 마음, 영혼으로 자신을 아는 것이다.

어떤 사람들은 어릴 때부터 반드시 어떠해야 한다는 가르침에 여러 겹으로 싸여, 마음과 직관이 크게 대립한다. 어렸을 때부터 감정 표현은 자신이 약하다는 표시이고, 감정은 논리적으로 타당하지 않으며, 우는 것은 어린아이 같은 행동이라고 배웠을지도 모른다.

"불평 그만해!"

"조용히 해!"

"이런 일에 우는 건 바보 같은 짓이야!"

이런 말을 들을 때마다 자신의 솔직한 감정을 더욱 숨기게 되었을 것이다. 또는 자신보다 다른 사람의 욕구가 더 중요하므로 자신의 감정은 제쳐 놓으라는 금욕주의적인 사고방식을 교육받았을 수도 있다.

이런 태도는 남에게 베푸는 것과 자신에게 베푸는 것이 똑같이 옳은 일이라는 모순의 두 가지 측면을 받아들이지 못하게 한다. 이런 혼란 속에서는 해로운 상황이나 해로운 인간관계가 존재하더라도 자신에게 솔직해지기 힘들다. 그래서 자신의 솔직한 감정이나 직관, '이건 내게 상처를 주는 일이야' 또는 '뭔가 잘못되었어'라는 직관 대신 자신이 마땅히 그래야만 한다는 생각으로 자신에게 '강해져야만 해', '두려워하지 마', '이겨내라고' 같은 말을 되뇌게 된다. 이것은 매우 위험할 수 있다.

뜨거운 난로에 손을 너무 가까이 대면 아파서 재빨리 뒤로 피한다. 만약 신체에 문제가 있어 열을 느끼지 못한다면 심각한 화상을 당한다는 사실도 깨닫지 못할 것이다.

당신의 감정은 신체적 위험 이상의 것을 경고하는 감각 기관 역할을 한다. 따라서 자신의 감정과 연결되어 있지 않다면 일방적인 관계로 말미암아 화상을 입을 수 있다는 사실을 어떻게 알 수 있겠는가? 당황스럽거나 침해당한 마음을 알지 못한다면 선을 그어야 할 때라는 사실을 어떻게 알 수 있을까? 다른 사람에 대한 연민을 느끼지 못한다면 그들을 도울 행동을 취해야 할 때라는 사실을 어떻게 알까?

감정은 당신 내면에 존재하는 내비게이션에서 필수적인 부분이다. 물론 감정이 손 쓸 수 없을 정도로 격렬해질 때도 있다. 속에서는 야단법석을 피워도 과감하게 베풀어야 할 때도 있다. 그렇다고 언제나 감정을 억눌러야 한다는 뜻은 아니다. 자신의 감정을 정확하게 판단해야만 어떤 상황이든 적절한 선택을 내릴 수 있다. 논리만으로는 안 된다. 인도의 시성 타고르는 감성과 논리의 균형 잡기가 얼마나 중요한지에 대해 이렇게 말했다.

"논리만으로 이루어진 마음은 양날로 된 칼과 같다. 손에서 피를 흘리게 한다."

'문제는 그들이 아니라 나였어'

19세기의 유명한 영적 지도자이자 동양의 사상을 서양에 전파하는 데 힘쓴 개혁가 사미 비베카난다는 "누가 우리를 무지하게 만드는가? 바로 우리 자신이다. 우리는 두 손으로 눈을 가리고서 캄캄하다고 운다"라고 말했다. 자신의 감정에게 자리를 마련해 준다면 눈을 가린 손을 떼고 앞을 볼 수 있다.

나는 훌륭한 방법을 통해 감정의 역할에 대한 중요한 가르침을 얻었다. 감정을 차단하면 어떻게 되는지 직접 경험한 것이다.

2년 동안 어떤 사람과 함께 프로젝트를 진행했다. 너무도 좋은 기회였기 때문에 이리저리 꼼꼼하게 따져 보거나 금전적인 결과에 대한 의견이 일치하는지도 확인해 보지 않은 채 열성적으로 뛰어들었다. 당시 프리랜서로 활동하고 있던 나는 그 프로젝트에 집중하기 위해 다른 일을 줄이기로 했다.

몇 달이라는 시간이 쏜살같이 지나갔다. 둘이 똑같이 책임을 맡아 한다고 생각했는데, 어느새 나 혼자 거의 모든 일을 하고 있었다. 파트너는 사전에 정해진 회의에도 나오지 않았고, 참석하지 못한다고 내게 미리 알려 주지도 않았다. 그런 식으로는 일을 못 하겠다고 말하자 그는 처음에 그랬듯이 다시 열성적인 태도로 임하겠다고 말했다.

애초에 내가 그 프로젝트에 뛰어들기로 마음먹은 이유도 그의 열정적인 모습 때문이었다. 그가 좋은 사람이고 나만큼 그 프로젝트에 열정을 갖고 있다는 사실이 내 발목을 붙들었다. 게다가 이미 많은 시간을 투자한 터였다. 그래서 의심과 회의가 떠오르고 걷잡을 수 없이 커졌지만 애써 억눌러 가며 참았다. '나한테는 너무도 좋은 기회야. 계속해!'라고 생각했다.

그러나 파트너가 중대한 결정을 상의도 없이 혼자 내려 버리자 내 불편한 감정은 터지고 말았다. 그가 독단적으로 프로젝트의 마감 시한을 결정해 버린 탓에 내가 하고 있던 다른 일을 포기해야만 했다. 아무런 경제적인 지원도 주어지지 않은 채 말이다. 불안하고 답답했다. 줄곧 논리적인 사고만이 우선이라고 믿어 왔는데……. 시간이 갈수록 마음만 혼란스러워졌다.

그때 믿기 어려운 사건이 내 의식을 일깨워 주었다. 나는 친구와 친구가 키우는 강아지들을 데리고 하이킹을 떠났다. 그런데 도중에 강아지들이 하고 있던 목줄이 친구의 다리와 내 다리 그리고 강아지들의 다리에 엉키는 사태가 발생했다. 목줄에 한데 엉킨 다리를 풀려고 애쓰다 내가 그만 강아지 한 마리의 발을 밟고 말았다. 강아지는 비명을 질렀고 친구와 나는 깜짝 놀랐다. 나는 강아지를 달래려고 몸을 숙이면서 "이런, 정말 미안해"라고 말했다. 그리고는 커다란 거울을 들여다보기라도 한 것처럼 소리 내어 말했다.

"이 녀석은 밟히면 비명이라도 지르지. 나는 아무 말도 못 하고 가만히 있잖아!"

나는 울음을 터뜨렸다. 그동안 억눌렸던 감정이 이성의 문을 뚫고 나온 것이었다. 나도 모르게 내 입에서 진실이 튀어나왔다. 나 자신도 미처 몰랐지만 마음 깊은 곳에서는 알고 있던 진실이었다. 나는 짓밟힌 기분을 느끼고 있었다. 그러면서도 자신의 생각을 표현하지도 선을 긋지도 못했고, 깨진 균형을 바로잡기 위해 단호하게 행동하지도 못했다.

그 후 내 자신에게 솔직해지자 내면의 눈을 통해 나를 분명하게 볼 수 있었다. 내 욕구를 무시하는 것은 나 자신을 존중하는 행위가 아님을 깨달았다.

남이 그려 놓은 성공으로의 길을 따라왔지만 과연 그것이 내게도 맞는 길일까? 내가 느끼는 불안한 감정이 지금까지 내게 그 답을 알려 주려고 했지만 나는 억누르기만 해서 답을 얻지 못한 것이었다. 내가 무엇을 원하는지 감정으로 확실히 파악했어야 하는데 그러지 못했다.

자신에게 솔직해지자 그 누구도 내게 그 길을 강요하지 않았다는 잔인한 현실에 눈 뜰 수 있었다. 누구도 아닌 나 자신의 선택이었다. 내가 불행한 진짜 이유는 내 선택 때문이었다. 그리고 나는 새로운 선택을 할 수 있었다.

곰곰이 생각해 본 후 나는 마침내 올바른 파트너 관계가 무엇이
고, 내가 필요로 하는 것과 관심 사항을 종이에 명확하게 쓸 수 있
었다. 그것을 파트너에게도 보여주었다. 당연한 결과겠지만 그의
견해는 나와 달랐고 우리는 합의점에 도달할 수 없었다.

결국 나는 새로운 선택을 내렸다. 내가 진정으로 원하는 것을
존중해 내린 선택이었다. 내게 맞지 않은 상황에서 벗어나기로 결
정했다.

상대방을 실망시킬까봐 '아니오'라고 말하지 못하는 나 같은
사람에게는 너무도 고통스러운 과정이었다. 너무나 많은 돈과 시
간을 투자했기에 더 그랬다. 하지만 그 과정에서 자신에게 솔직해
져야 한다는 값진 교훈을 배웠는데, 그 가치를 그 무엇과 비교할

수 있을까?

실제로 이 일은 내 인생에 중요한 전환점이 되었다. 내 파트너가 될 뻔했던 그 사람과 그 상황에 관련된 모든 사람들에게 언제나 감사하고 있다. 어떻게 보면 그들은 저마다 내 인생의 드라마에 자발적으로 출연해 내가 중요한 교훈을 배울 수 있도록 도와준 것이다. 그들은 저마다 맡은 배역을 완벽하게 소화해 냈다. 나 자신에게 귀를 기울여야 한다는 사실을 그런 식으로 배운다면 언제까지라도 잊지 못할 것이다.

그렇다. 자신의 감정을 무시하고 본능을 억누르면 결국은 심각하게 불행해지고 이러지도 저러지도 못하는 처지에 놓인다. 나는 자신의 감정을 알면 자신에게 솔직해질 수 있다는 사실을 배웠다. 이 둘은 우리 자신을 존중하기 위한 필수 조건이다. 이 두 가지의 소중함을 모르고 살아가는 것은 캄캄한 어둠 속을 무턱대고 걸어가는 것과 같다.

'좋은 사람'이 나를 망친다

그 힘든 시기에 배운 교훈을 단단하게 굳히기라도 하듯, 이후 나를 바로 세운 세 사람과 만나게 되었다. 우리 네 사람은 똑같은 문제를 풀고 서로의 답안지를 비교하기라도 하는 것 같았다. 우리는 종종 자신과 똑같은 문제를 해결하고자 애쓰는 사람들과 마주한다. 그 과정에서 우리는 혼자가 아님을 다시 한 번 깨닫게 된다.

몇 년 전에 함께 일한 적 있는 빌을 우연히 다시 만났다. 그와 이야기를 나누다가 그의 여동생의 안부를 물었더니 여동생이 불만스러운 여름을 보내고 있다고 말했다. 여동생은 레스토랑에서 일하는데, 그곳 매니저에 대한 불만이 끊이지 않는다고 했다.

"그는 최악이야. 문제를 고칠 생각을 하지 않아. 그래서 문제가 연이어 터질 때마다 다른 사람들이 고생해. 내가 일주일에 사흘만 일하고 싶다고 말했는데, 항상 문제가 터지니까 늘 더 오래 일하게 만들어. 매주 그래"라는 식으로 불평한다고 했다.

빌은 고개를 절레절레 흔들면서 말했다.

"하지만 여동생은 자기 입장을 주장하지 않을 거야. 그 직장을 그만두지도 않을 거고. 그냥 거절하라고, 선을 그으라고 내가 몇 번이고 강조하는데도 말이야."

그의 여동생은 이용당하는 기분이 들어 화가 나지만 직접 나서서 상황을 바로잡을 생각은 없어 보였다. 무능한 상사가 문제를 해결해 주기만을 기다리고 있었다. 그러는 동안 여동생의 분노와 불만은 커져만 갔다. 하지만 정작 그녀를 불행하게 만드는 사람은 누구일까?

머칠 후 내 사업 파트너를 만났는데, 새로 시작할 사업에 도움을 얻으려고 고용했던 여자를 해고했다고 말했다. 처음에는 새로운 사업에 그녀의 전문적인 지식이 꼭 필요하다는 생각으로 고용했지만 1년이 지나고 보니 혼자서도 잘할 수 있다는 사실을 깨달았기 때문이다.

그 말을 듣고 얼마 후, 나는 몇 년 만에 재회한 옛 친구와 점심 식사를 하게 되었다. 그 친구와 이야기를 나누다 보니 내 처지가 친구와 비슷했다. 친구는 처음에 파트너와 동등하게 일을 나누기로 하고 동업했는데, 어쩌다 보니 자신이 파트너보다 월등히 많은 업무를 처리하고 있는 것이었다. 친구가 거의 모든 일을 맡아 하고 있는데도 파트너에게 개인적으로나 금전적으로나 그에 맞는 대우를 받지 못하고 있었다.

이렇게 나와 비슷한 처지에 놓인 사람들의 이야기를 접하니 나도 모르게 이런 생각이 들었다. 불만이 있는데도 왜 다들 가만히 있는 걸까? 왜 자기의 생각을 분명하게 밝히지 않는 걸까? 왜 그런 상황이 될 때까지 지켜보기만 하는 걸까?

엉망진창이 된 상황을 바로잡지 못하도록 시야를 가로막는 장애물은 무엇일까? 그것은 바로 도저히 참기 힘든 상황인데도 참는 것 외에는 다른 선택권이 없다고 생각하는 잘못된 선입견이었다. 무의식적으로 어떤 일이나 인간관계를 잃을까봐, 그보다 더 좋은 일이나 사람을 만나지 못할까봐 두려워 불편하고 해로운 상황이라도 벗어나려고 하지 않는다.

주변을 둘러보라. 자신에게는 그럴 만한 가치가 없다는 생각을 하며 위험천만한 상황에서도 그냥 참고 있는 이들이 있다. 자신에게 커다란 고통만 주고 있는데도 사람의 도움, 칭찬 또는 사랑이 꼭 필요하다고 잘못 생각하는 이들이 적지 않다.

이렇게 해로운 믿음을 간직하고 있으면 자신의 내면의 호소에 무뎌지므로 상황을 정확하게 읽을 수 없다. 그래서 진정으로 해야 할 일에 써야 할 에너지를 매일 빼앗기면서도 이러지도 저러지도 못하는 처지가 되어 버린다.

이것은 감정의 딜레마에 불과한 것이 아니다. 그 근원은 진정한 자신, 언제까지라도 남아 있을 내면의 생기를 존중하지 않는 데서 나타나는 정신적인 병폐라고 할 수 있다. 내면에서 타오르는 불꽃은 우리가 존재의 이유를 스스로 실현하도록 이끈다. 하지만 자신의 솔직한 감정을 외면하고 아무런 선택권이 없다는 태도로 해로운 상황을 끝내지 않을 때마다, 자신에게는 그럴 만한 가치가 없다는 생각으로 무언가에서 벗어나지 못할 때마다 그 불꽃을 스스로 꺼버리는 것이나 마찬가지다.

답은 항상 지금 이 순간에 있다

자신의 솔직한 감정을 자꾸 숨기려고만 들면 가장 소중한 내면의 자원을 잃고 만다. 물론 무엇이든 마음대로 하려고만 하는 어린아이처럼 무조건 분통을 터뜨리고 성질을 내라는 뜻은 아니다. 균형이 깨진 상태일 때, 감정은 정말로 왜곡되어 우리를 끌어내린다. 감정은 대단히 중요하지만 감정의 영역에는 모순이 존재한다. 감정은 우리가 나아갈 길을 보여주기도 하지만 동시에 감정을 통제하지 못하는 잘못된 길로 우리를 안내하기도 한다.

자신의 감정을 완전히 무시하거나 정신없이 빠져드는 것보다는 적절히 조화시키는 방법이 좋다. 열린 마음과 자비로운 수용으로 자신의 감정을 대하는 법을 배워야 한다. 또한 우리는 감정에 휘둘리지 않은 채로 감정을 인정하는 법도 배울 수 있다. 감정을 인정한다는 것은 그런 감정이 생긴 원인을 받아들인다는 뜻이 아니라 감정을 있는 그대로 받아들인다는 뜻이다.

우리는 있는 그대로의 감정을 받아들이지 않으려는 경향이 있다. 시간을 되돌려 이미 일어난 일을 바꿀 수 있기라도 한 것처럼 현실을 부정하려고 한다. 그 이메일을 보내지 않았더라면, 그 말을 하지 않았더라면, 방금 들은 그 소식이 사실이 아니었더라면 하고 후회한다. 이미 일어난 일로 인한 결과가 눈앞에 있는데도 말이다. 눈앞에 벌어진 일을 부정하려고 발버둥쳐 봤자 아무 소용 없다. 이러지도 저러지도 못하게 만들고 커다란 고통만 가져다줄 뿐이다.

이 또한 모순처럼 들리겠지만, 불편한 경험이라도 마음을 열고 있는 그대로 받아들여야만 그 상황을 좀더 수월하게 헤쳐 나갈 수 있다. 이미 일어난 일에 대해 저항하고 공격하고 숨기거나 부정하는 데 쓸데없는 에너지를 소비하지 않게 되기 때문이다. 그 대신 해결책을 찾는 데 에너지를 쓸 수 있다.

자신의 있는 그대로의 감정을 받아들이는 순간 자신을 존중하는 길로 커다란 발걸음을 내디딘 셈이다. 저항을 뒤로 하면 자신과 남을 돕기 위해 필요한 현실적인 행동을 취할 수 있게 된다. 그러나 자신의 감정을 차단한다면 삶이 가져다준 메시지와 메신저를 전부 내쫓는 셈이다.

비판하지 않고 연민의 마음으로 있는 그대로를 받아들이는 것은 마음 챙김의 기본 수칙이다. 이는 도교나 불교, 아메리카 원주민, 기독교의 관상 기도 등 전 세계의 수많은 전통에서 찾아볼 수 있는 관행이다. 마음 챙김은 생각과 감정을 무시하거나 비판하지 않고 인식하고 받아들이라고 용기를 북돋워 준다. 마음을 챙길 때 현재 일어나고 있는 일에 주의를 기울이게 된다.

감정은 갑자기 과거의 고통스러운 기억이나 미래에 대한 두려움에 불을 붙여 폭발하게 할 수 있다. 당신도 모르는 사이에 감정이 당신을 데리고 다시 과거나 미래로 가 버린다. 현재와는 상관도 없는 일 때문에 도저히 마음의 갈피를 잡지 못하게 한다. 머릿속에서는 길고도 고통스러운 상황이 잔뜩 꼬이고 꼭 현실처럼 느껴지지만, 과거는 이미 지나갔고 미래는 아직 오지도 않은 시간이다. 과거나 미래는 현재가 아니다. 현재에 머무르지 않는 생각은 그림자를 쫓는 것과 같다.

당신은 현재 펼쳐지고 있는 일에 얼마나 주의를 기울이는가? 이미 지나간 과거를 후회하고 아쉬워하는가? 앞으로 30분 후, 다음 주 또는 내년에 일어날지도 모르는 일 때문에 불안해하는가?

인류의 위대한 스승들은 과거를 후회하거나 미래를 예측하면 절대로 평화를 찾을 수 없다고 말한다. 우리가 찾는 대답은 언제나 현재에 있다. 다른 곳에서 찾으려고 하면 그 선물을 알아볼 수 없다.

마음을 내려놓으면 보인다

많은 사람들이 현실과 그에 대한 자신의 감정을 있는 그대로 받아들이기 어려워한다. 우리는 불편하거나 고통스럽거나 스트레스를 주는 일이 눈앞에 놓여 있으면 밀어내거나 도망가거나 사라지게 하려고 한다. 상황에 대한 이해도 없이 성급하게 결론을 내리고 즉시 싸우거나 아니면 달아나려고 한다. 이런 반응 때문에 부정적인 감정이 잔뜩 샘솟아 서로 부딪치면서 불안을 키우고 결국 저항만 심해진다.

불안하면 평화도, 명확함도, 진정한 해결책도 없다. 고요하고 투명한 연못 바닥에 떨어뜨린 소중한 물건을 찾으려 한다고 생각해 보자. 미친 듯이 휘저어 봤자 물만 흐려질 뿐이다. 흙탕물로 변할수록 보이지 않는다. 우리는 인생을 살아가면서 그런 경우가 많다. 목표에 다가가려고 더 서두르고 더 애쓰지만 반대 결과만 나타난다. 물이 잠잠해야만 보물을 찾을 수 있다. 마음이 고요하지 않으면 무엇이 진짜인지 알아볼 수 없다.

- 잘못된 믿음
'내가 찾고자 하는 걸 빨리 찾으려면 더 서두르고 애써야 해.'

- 진실의 말
'내 마음이 고요해야 무엇이 진짜인지 볼 수 있어.'

마음 챙김에 관해 위대한 스승들은 물론 심리학자들도 효과적인 방법을 제시한다. 그들은 불안한 상황일 때는 내면의 혼란에서 빠져나와 연민을 갖고 현재 일어나는 일을 바라보라고 말한다. 저항하지 말고 받아들이라고 말이다.

듀크 대학교 통합 의학 센터의 제프리 브랜틀리 박사는 감정에 잠식되지 말고 그것을 관찰하라고 조언한다.

"현재 상황이 이런 상태라는 사실을 인식하고 받아들이세요. 그런 다음 마치 힘들어하는 자녀나 친구에게 하듯 현실적인 방법으로 자신을 보살피고 위로해 주면 많은 도움이 됩니다."

우리는 생각과 감정에 잠식되어 무력해지기 쉽다. 우리는 불안이나 두려움 같은 강렬한 감정이 생기면 그것과 자신을 동일시하기 시작한다. 그렇게 하면 자신의 감정과 현실을 따로 구분하기가 어려워진다. 브랜틀리 박사는 그럴 때마다 자신이 느끼는 불안이나 공포가 자기 자신이 아님을 상기시켜야 한다고 말한다.

"그것은 순간에 흘러들어 왔다 나가는 상태일 뿐입니다. 마음이 고요하고 집중하는 상태일수록 생각과 감각이 일어나더라도 그 안에서 길을 잃지 않을 수 있습니다."

고요한 마음 상태로 되돌아가고 경험에 충실할 수 있도록 도와주는 고전적인 기법 중 하나가 마음으로 호흡하기다. 고요한 상태를 유지하고, 호흡이 몸으로 들어가고 나가는 감각에만 집중하면 정신이 산만해질 때마다 서서히 똑같은 지점으로 관심을 옮겨갈 수 있다. 세계의 영적 전통에는 공통적으로 숨을 고르고 집중하면서 산만한 생각을 정리하는 데 도움이 되는 여러 가지 수행법이 있다. 기독교의 관상 기도, 요가나 태극권같이 마음을 모으는 운동, 한 걸음 한 걸음마다 온전히 인식하는 미로 걷기나 걷기 명상에 이르기까지 다양한 방법이 있다. 냄새와 맛, 감각을 온전히 느끼면서 천천히 한 입씩 베어 물고 씹는 것도 마음을 집중하고 고요한 상태를 유지하는 데 도움이 된다.

인류의 위대한 스승들은 현실의 어떤 활동이든지 그 경험과 느낌을 온전히 인식하면서 행할 수 있다고 말한다. 그 점이 가장 중요하다. 마음과 영혼의 눈을 활짝 뜨고 사물을 있는 그대로 바라보면서 사는 법을 배우게 해주는 의식이나 방법은 얼마든지 존재한다.

눈을 크게 뜨고 마음은 고요한 채로 있으면 맹목적으로 반응하던 과거에서 벗어나 의식적으로 대응할 수 있다. 맹목적으로 반응하는 것과 의식적으로 대응하는 것은 엄연히 다르다. 대응하는 것은 잠시 멈추어 마음이 보내 주는 메시지에 귀를 기울이는 것이므로 자신을 존중한다는 뜻이다. 반면에 맹목적인 반응은 감정에 귀를 기울이거나 자신을 존중하지도 않으며, 앞뒤 가리지 않고 성급하게 반사적으로 행동하는 것이다.

나는 침착하게 상황에 대응하지 않고, 반사적인 반응에 길을 잃는 것은 흙탕물을 만들고 시간만 낭비하는 일임을 잘 알고 있다. 조금이라도 주의를 기울이지 않으면 고장 난 반사신경이 사소한 문제를 엄청나게 진을 빼게 만드는 헛된 시도로 바꾸어 버린다.

제정신을 잃으면 명료하게 생각하는 능력도 잃게 된다. 그런 자동적인 반응을 깨뜨리려면 침착하게 자신을 되찾아야 한다는 사실을 떠올려야 한다. 중간에 완충작용을 할 수 있는 조용한 공간을 집어넣어 그 반응의 가속도를 멈춰야 한다.

지난밤에 집 안 구석구석을 샅샅이 뒤졌는데도 카메라 충전기가 보이지 않았을 때도 똑같은 경험을 했다. 당장 쓸 일은 없었지만 대단히 신경에 거슬렸다. 또한 매우 걱정도 되었다. 그러자 그런 감정들이 생생하게 살아났다. 그때 내 머릿속으로 펼쳐진 말들이나 '지금 당장 바로잡아야 해' 같은 반응을 했던 것을 떠올려 보면 웃음이 나오지만 그때는 전혀 웃을 일이 아니었다.

카메라 충전기는 보통 여행 가방 안에 들어 있었다. 얼마 전 여행을 다녀왔는데, 집에 돌아와 가방에서 꺼내 놓지 않았다고 생각했다. 집 안을 샅샅이 뒤져보고도 나오지 않자 걱정이 되기 시작했다. 잃어버렸으면 어쩌지? 나는 지하 창고로 달려가 무릎을 꿇고 엎드린 채 여행 가방을 다시 한 번 확인했다. 거기에 없는 것을 확인하자 불안하고 걱정되기 시작했다. 나는 현실에 집중하지 못했다. '충전기를 새로 사려면 얼마나 할까? 분명 엄청나게 비쌀 거야.’ 걱정이 앞서기 시작했다. ‘호텔방에 놓고 왔는지도 몰라. 멍청하기는! 남편이 알면 뭐라고 할 텐데…….’

10분 후에도 여전히 집 안을 돌아다니면서 옷더미 아래를 뒤지고 여행 짐을 풀 때 이불 속으로 떨어졌을지도 모른다는 생각에 이불을 들춰보았다. 그 조그만 검정색 배터리 충전기 하나 때문에 정신적으로 나 자신을 마구 채찍질하고 있었다. 심장 박동이 빨라지는 것이 느껴졌고, 정신없이 찾던 것을 겨우 멈추었다.

‘이럴 만한 가치가 없는 일이야. 이건 내 시간을 존중하지 않는 거야. 제정신이 아닌 패턴으로 또 빠져들고 있어. 이러면 내가 찾으려는 걸 더욱 못 찾게 될 뿐이야. 결국은 충전기를 찾거나 새로 사게 되거나 둘 중 하나잖아.’

나는 심호흡을 한 다음 있는 그대로의 현실을 받아들였다. 그러자 한 가지 생각이 떠올렸다. 남편이 자신의 여행 가방에 카메라 충전기를 넣어 놓았을지도 모른다는 생각이었다. 여전히 침실 바닥에 있는 남편의 여행 가방으로 급하게 달려가 열었더니 양말 위에 놓인 충전기가 보였다.

내 세계에 조용하고 탁 트인 공간을 만들어 놓으니 원래부터 그 자리에 있던 답안이 내 눈앞에 나타난 것이다.

내가 정말 있어야 할 곳

당시 연쇄 반응을 멈추기까지는 10분밖에 걸리지 않았고 위험도 그리 크지 않았다. 아무런 생각 없이 반응하기보다는, 흐트러진 마음을 챙기고 현재에 머무르려고 노력하면서 그에 대응했다. 이내 나는 불안이나 걱정이 깊어질 때도 똑같은 원리를 적용할 수 있다는 것을 깨달았다. 패턴이 똑같기 때문이다. 중요한 것은 습관이다.

습관적으로 상황에 반응하는 방식은 완전히 사라지지 않을지도 모르지만, 감정이 우위에 놓이기 전에, 그 충격과 공포가 엄습하기 전에 마음속에서 일어나고 있는 일을 정확하게 인식하는 법을 배울 수는 있다. 아주 짧은 인식의 시간 동안 잠시 멈추고 조용한 공간을 열어 자신에게 상기시켜 주는 것이다.

'내가 느끼는 걱정이나 두려움이 나 자신은 아니다. 이 반응은 습관이고 패턴일 뿐이지 내가 아니다. 중심에 있는, 침착하고 지속적이고 모든 것을 알고 있는 존재가 바로 나다. 지금 이 생각과 감정은 순식간에 나타났다 순식간에 사라지는 상태일 뿐이다. 그것들은 나보다 강하지 않으며 영원하지도 않다. 진정한 나는 강하고 영원하다.'

또한 이 책에서 살펴본 모순을 떠올릴 수도 있다.

'내 감정은 소중하고 감정을 통해 가르침을 얻을 수 있지만 나는 감정 이상의 존재다.'

당신은 감정보다 더 큰 존재다. 감정은 언제나 사실을 토대로 하지는 않기 때문이다. 감정은 당신이 자신에게 가지고 있는 잘못된 믿음이나 비판적인 마음에 의해 생길 수도 있고, 당신이 자신을 스스로 비판하고 원망하며 수치심을 느끼도록 다른 사람이 잘못된 믿음을 당신에게 주입시켜 생길 수도 있다.

잘못된 믿음이나 감정에 마음이 지배당하기 전에 걸러 내자. 존재라는 그물로 잡고서 자신에게 이렇게 말하자.

'감정이 항상 사실인 것은 아니야.'

그런 다음 사실을 행동으로 옮기고 사실이 아닌 것은 지나가도록 두자. 감정에 삼켜지지 않고 관찰하는 법을 연습하면 행동을 필요로 하는 타당한 감정과 사소한 문제를 구분할 수 있다. 후자에 해당하는 감정은 마치 하늘의 구름처럼 왔다가 지나간다. 그 감정에 휘둘릴 필요가 없다. 현실에서는 그런 감정이 우리를 통제할 수 없다. 단지 우리가 만들어낸 이야기 속에서만 그렇게 될 뿐이다.

- 잘못된 믿음
  '감정은 언제나 나를 올바른 방향으로 이끌어 준다.'

- 진실의 말
  '감정이 언제나 사실을 토대로 하지는 않아. 나는
  감정 그 이상의 존재이고 무엇에 초점을 맞출지 통
  제하고 있어.'

우리 모두에게는 선택권이 있다. 마음 안에서 빙빙 도는 생각이나 감정을 선택할 수는 없더라도 자신이 무엇에 초점을 맞출지는 선택할 수 있다. 인류의 위대한 스승들은 자신이 느끼는 감정을 바꿀 수는 없지만 그 감정과 자신의 관계는 바꿀 수 있다고 말한다. 롤러코스터처럼 정신없이 돌아가는 감정에 성급하게 뛰어들지만 않는다면 생각이 당신을 떠나지는 않을 것이다. 침착함을 유지하면 현재에 머물러 있을 수 있다. 거기가 바로 당신이 있어야 할 곳이다.

−내 마음에 묻고 답하기−

똑바로 감정을 보기

논리적인 머리뿐만 아니라 가슴과 직관도 당신에게 소중한 피드백을 제공한다. 감정을 알아차리지 못하거나 저항하려고 한다면 그것이 전하고자 하는 중요한 메시지에 무감각해진다. 다음의 일곱 가지 질문은 당신이 감정에 어떻게 대처하는지, 자신에게 얼마나 솔직한지 등을 알아봄으로써 당신의 감정을 더 잘 알 수 있도록 해줄 것이다.

- 무슨 일이 생겨도 미소 지으며 참아야 한다는 생각에 자신의 감정을 제쳐 두는가?
- 불편하거나 의심스러운 상황에서도 감정은 정확하지 않다고 자신을 납득시키는가?
- 불안할 때면 감정을 밀어내는가? 일부러 바쁘게 지내거나 내게 해로운 일에 집착함으로써 감정을 억누르는가? 솔직한 감정과 대면하지 않으려고 탈출구를 만들지는 않는가?
- 사람들의 말을 전부 들어주고 난 후 나중에 내 생각을 주장하

지 못했다는 사실에 분노나 자괴감을 느끼는가?

- 남이 나를 존중하지 않거나 내 권리를 침해하거나 이용하는 결정을 내려도 내 주장을 펼치거나 감정을 표현하기가 어려운가?
- 힘든 상황이 발생했을 때, 내가 원하는 것을 알고 문제를 해결할 방법을 찾는 대신 남을 원망하는가?
- 매일 내 감정에 귀 기울여 영혼의 눈을 크게 뜰 수 있도록 하는가?

당신의 활력 징후를 감지하고, 반응을 존중하라

감정의 활력 징후를 확인해서 본능적인 알림인 감정을 밀어내지 말고 귀를 기울이는 것이 중요하다. 방해받지 않을 수 있는 곳에 조용히 앉아 긴장을 풀고 심호흡을 하자. 잠시 동안 숨을 내쉬고 들이쉬는 감각에만 집중하자. 이렇게 오직 호흡에만 집중하자. 다음의 단계를 통하면 가슴 안으로 들어가 자연의 리듬과 조화를 이룰 수 있다.

① 현재 당신을 불편하게 하거나 불안하게 만드는 상황이 존재하

는가? 감정을 돌아보면서 떠올랐던 일이나 달리 해결하고자 하는 상황을 선택해도 된다. 그런 감정을 느끼는 자신을 비난하거나 남을 원망하고자 하는 유혹을 물리친다. 감정은 모두에게 생긴다. 감정은 삶의 일부이므로 자연스럽게 솟아나도록 내버려둔다.

② 연민을 갖고 감정에 이렇게 말한다.

- '나는 널 이해해. 나는 네 메시지를 듣고 있어. 나는 행동을 취하기 위해 지금 이 순간에 머물러 있어.'
- 만약 이때 과거나 미래에 대한 생각이 당신을 현재에서 몰아내려고 한다면 다시 한 번 부드럽게 확인시켜 준다.
- '현재로 되돌아가고 내 눈 앞에 놓인 상황에 돌아가는 것이 나를 존중하는 거야. 내 가슴 안에 머무르는 게 나를 존중하는 거야.'
- 머릿속에서 떠오르는 가상의 이야기 사이를 왔다 갔다 하는 대신 현재와 가슴에 머물러 있으면 지금 상황에 지혜롭게 대응할 수 있다. 당신의 가슴 안에는 모든 문제에 대한 창조적인 해결책이 들어 있다.

③ 자신의 감정에 귀 기울이면서 다음의 질문에 답해 보자.

- 내가 이 상황에 대해 어떤 감정을 느끼는가?

- 내 몸의 어디에서 그 감정이 느껴지는가?

- 그 감정을 어떻게 묘사할 수 있는가?

- 만약 그 감정이 말을 할 수 있다면 뭐라고 하겠는가?

- 어떤 믿음이나 두려움, 걱정이 이 감정을 일으키는가? 타당한 믿음 또는 두려움인가, 성급하게 결론 내리고 있는가?

- 이 감정은 내게 무엇을 하라고 요구하는가?

- 지금까지 발견한 사실에 따라 이 상황에서 벗어나기 위해 어떤 새로운 선택을 해야 평온함을 느낄 수 있을까? 구체적인 행동을 취해야만 할 수도 있고 감정을 인식하고 구름처럼 흘러가도록 내버려두기만 해도 될 수 있다.

길은 만드는 사람의 몫

길이 보이지 않는다면

솔직한 감정에 귀 기울이고 자신이 필요로 하는 것을 지킬 때, 우리의 인생에 관여하는 일이나 사람들에 대한 인식은 크게 달라진다. 새로운 기회, 보다 나은 기회가 열리고, 당신 내면의 불꽃은 더욱 강해지고 밝아진다.

다이앤은 예기치 않게 자신의 커리어는 물론 인성에도 힘든 도전을 안겨 주는 문제와 맞닥뜨렸다. 그녀는 자신의 감정에 충실하면 인생이 바뀔 수도 있다는 사실을 직접 경험했다.

그녀는 경력을 쌓기에도 좋고 위치도 적당한 직장을 마침내 찾았다고 생각했다. 그녀는 그 회사 오너의 어시스턴트로 일했다. 그런 어느 날, 그녀는 상사가 고객을 비윤리적인 태도로 대하고 있음을 알게 되었다. 그녀는 상사가 옳지 않은 처사를 얼른 그만두어 자신이 문제를 공론화시키지 않아도 되기를 바랐다. 그러나 아무런 변화도 일어나지 않았다.

그녀는 그 상황을 그대로 넘기면 안 된다는 사실을 잘 알고 있었다. 그녀가 마침내 용기를 내어 문제를 지적했지만 상사는 무시할 뿐이었다. 그녀는 일주일 내에 잘못된 행동을 바로잡지 않으면 직장을 그만두겠다고 했다. 그리고 일주일 후, 그녀는 자신의 물건을 챙겨 사무실을 나갔다.

1층 로비에서 잠시 숨을 고르면서 이제 직장도 수입도 없이 앞으로 뭘 하면 좋을지 생각하고 있을 때, 잘 차려입은 나이 지긋한 신사가 옆에 멈추어 섰다. 그 신사는 서류 가방이 열리지 않아 애를 먹고 있었다. 그 모습을 본 그녀가 도와주겠다고 나섰고 곧바로 문제를 해결할 수 있었다. 신사는 고마워하면서 "아주 똑똑하군요"라고 말했다. 그녀는 별다른 생각 없이 "정말 그렇게 생각하신다면 절 고용해 주세요!"라고 말했다. 알고 보니 그 신사는 유능한 사무실 관리자를 찾는 중이었다. 그녀야말로 적임자였다.

나중에 그녀는 내게 말했다.

"그분은 나를 존중해 주셨어. 게다가 월급도 훨씬 많고 말이야. 내 생각을 주장하는 것이나 직장을 그만두어야 할까봐 두려워할 필요가 전혀 없었던 거야."

사실 그녀의 마음 깊은 곳에서는 '새로운 직장'이라는 선물을 받을 공간을 만들었고, 그 선물을 애타게 기다리고 있었다. 이처럼 때로는 어떤 상황에서 벗어나는 것이 새로운 기회가 되기도 한다. 인생이 마법을 부릴 수 있는 공간을 만들어 주기 때문이다.

끝이 다가오면 후회나 비참한 생각 또는 원망이 먼저 들 수 있다. 이제는 그런 생각을 멈추고 이유가 있어서 가던 길 대신 새로운 길로 가는 것이라고 생각하라. 자신이 잘못했다거나 벌을 받는다고 여겨 고개를 숙이거나 뒤돌아보지는 마라. 앞으로는 새로운 모험이 보상을 가져다줄 것이고, 이 변화가 자신을 위한 것이라고 생각하라. 이런 믿음을 토대로 새로운 선택을 하는 것이 자신을 존중하는 일이다.

내 안에서 살아나는 불사조

우리는 왜 한계에 맞닥뜨리면 자동적으로 자신이나 남을 원망하는 걸까? 그것은 한계란 자연스럽지 않고 문제가 있는 것이라는 잘못된 믿음 때문일 것이다. 아마도 언제 어떻게 끝나는지 통제할 수 없다는 사실이 더더욱 신경에 거슬릴 것이다. 하지만 우리가 어떻게 한계를 통제할 수 있을까? 우리가 통제할 수 있는 것은 주변 상황이 아니라 우리 자신뿐이다.

벤저민 프랭클린은 "이 세상에서 확실한 것은 죽음과 세금뿐이다"라고 했다. 하지만 한 가지 확실한 것이 또 있다면 바로 '모든 것은 변화한다'는 사실이다.

모든 것은 변한다. 한계 역시 그 법칙에서 예외가 아니다. 한계 자체가 바로 그 법칙이다. 매일 하루에는 한계가 있고 새로운 하루가 시작된다. 계절도 항상 바뀐다. 그믐달은 보름달이 되고 보름달은 또 그믐달이 된다. 우리의 인생과 그 안에 서로 엮인 일들

은 모두 똑같이 탄생과 성장, 성숙, 쇠퇴, 휴식, 부활이라는 정해
진 흐름의 지배를 받는다.

고대 그리스 철학자 헤라클레이토스는 "유일하게 변하지 않는
것은 오직 변화뿐이다"라고 했다. 전 세계에는 그 진리를 말해 주
는 온갖 일화와 전통이 존재한다. 아메리카 인디언들은 인생의 필
수적인 주기인 변화를 나타내는 상징으로 원을 사용한다. 블랙 엘
크는 "세상의 힘은 언제나 원으로 움직인다. 인간의 삶은 원이다.
힘이 움직이는 모든 곳들에서도 마찬가지다"라고 말했다. 요한계
시록에도 "나는 알파이고 오메가다. 시작이고 끝이다"라는 말이
나온다. 힌두교의 3대신으로 각각 창조의 신, 유지의 신, 파괴의
신인 브라마, 비슈누, 시바 관계서도 삶의 시작과 끝이 나타난다.

또한 힌두교에는 삶과 죽음, 변화와 소멸의 신인 칼리를 통해서
도 삶의 변화를 잘 묘사한다. 힌두교 신들의 이미지를 이해하려면
각각의 신이 신성한 기능을 나타내고 상징한다는 사실을 알아야
한다. 그들의 특징과 속성은 우리가 경험하는 인생의 과정을 상징
한다.

칼리는 모순적인 존재다. 우리를 찾아오는 변화의 힘과 마찬가
지로 칼리는 잔인하면서도 자애롭고, 무서우면서도 상냥하다. 칼
리는 네 개의 팔과 헝클어진 머리 그리고 해골 목걸이를 하고 있
는 형상이다. 두 오른손은 어머니에게 은혜를 주고 있는 모습인

데, 이는 새로운 시작이 있는 인생의 창조적인 면을 상징한다. 그리고 왼손에는 지식의 검과 잘린 머리를 들고 있는데, 이는 인간을 비현실적인 굴레에서 잘라 냄으로써 무지를 끝낼 수 있는 능력을 상징한다. 끝은 우리가 그동안 알지 못했던 진실을 보게 해준다. 우리가 앞으로 나아가기로 결정한 순간 무지의 끝이 우리에게 찾아온다.

우리에게 일어나는 변화의 또 다른 보편적이고 심오한 상징으로는 불사조 전설이 있다. 불사조 이야기는 이집트, 페르시아, 그리스, 중국, 아일랜드 등 여러 국가에서 약간씩 다른 내용으로 전승되고 있다. 생명의 한계에 가까워진 새가 둥지를 틀고 거기에 불을 붙여 몸을 태워 죽는다. 이렇게 남은 재에서 불사조는 새롭게 탄생한다.

● 잘못된 믿음
'열심히 노력한다면 인생에서 생기는 일들을 통제할 수 있어.'

● 진실의 말
'한계는 인생의 주기에서 자연스러운 부분이야. 한계를 인정하고 한계가 가져온 변화를 받아들이는게 나를 존중하는 길이야.'

이처럼 수많은 전통과 일화를 보면 오래된 지식이나 소유, 습관, 인간관계, 존재 방식이 새로운 것으로 끊임없이 바뀌면서 살아가고 있음을 알려준다. 끝이 찾아오면 두려워하지 마라. 그것을 존중하고 당신의 안에도 불사조가 있음을 기억하라.

분명히 그럴 이유가 있다

현대 사회는 내면의 알림을 경시하는 경향이 있지만, 새로운 시작으로 다가가면서 끝을 떠올리는 경우는 요즘에도 찾아볼 수 있다. 유대교의 성년식인 바르 미츠바나 학교 졸업식 같은 의식을 떠올려 보라. 졸업식은 특정한 시기의 끝을 알릴 뿐만 아니라 새로운 시기의 시작을 축하하는 의식이다. 졸업식을 뜻하는 영어 단어 커멘스먼트(commencement)에 시작의 의미가 들어 있는 이유도 그 때문이다.

어떤 일이든 한계를 경험할 때는 그것이 졸업식이라고 생각하자. 인생은 교실이고, 한계는 실제로 졸업과 승진이다. 비록 처음에는 그 반대처럼 느껴지겠지만 말이다. 대부분의 경우 우리가 교훈 하나를 배우고 다른 교훈을 배울 준비가 되어 있거나, 그 상황에 담긴 모든 가능성을 소진해 새로운 기회를 가져다줄 변화가 필요할 때 한계가 온다. 한계는 자연스러울 뿐만 아니라 꼭 필요한 것이기도 하다. 살면서 한계가 나타나는 이유는 거기에 반드시 어떤 목적이 있기 때문이다.

한계를 축하하고 새롭게 나아가야 할 때를 어떻게 알 수 있는가? 식물이 더 이상 자라날 공간이 부족해 화분에 뿌리가 가득 찬 모습을 떠올려 보라. 그럴 경우 뿌리가 영양분을 흡수하기 위해 이리저리 엉키고 말 그대로 화분의 벽을 타고 올라간다. 성장 속도가 느려지고 꽃을 마음껏 피우지도 못한다. 생존을 위해서는 기름진 새 흙이 들어 있는 더 큰 화분이 필요하다.

우리 역시 마찬가지다. 성장할 공간이 충분하지 않으면 우리도 '벽을 타고 오르기' 시작한다. 성장 속도가 느려지거나 우울해진다. 생기도 사라진다. 이때 우리가 해결 방안을 찾지 않으면 인생이 나서 준다. 갑자기 이유도 모른 채 뿌리가 뽑혀지고, 옮겨 심어진다. 그러나 잘 관찰해 보면 그 변화가 우리에게 꼭 필요한 것임을 알 수 있다. 그 변화가 우리를 살려주고 새로운 생명을 주었다는 것을…….

하지만 직접 변화를 시도하기는 쉽지 않으므로 인생이 끼어들어 대신 해주는 경우가 많다. 내게는 나보다 나이가 훨씬 어린 친구가 하나 있는데, 6년 사귄 남자와 결국 헤어졌다고 한다. 연예의 한계를 갈수록 남자친구는 그녀를 함부로 대했고 바람까지 피웠다.

성숙하지 못한 그를 보면서 그녀는 그와 많이 다르다는 점을 깨달았다. 그녀는 그와의 이별이 자신에게 잘된 일임을 알고 있었지만 몇 달 동안 생각이 왔다 갔다 했다. 한편으로는 그와 함께하고 싶다는 생각이 들었고, 또 한편으로는 그와의 관계에서는 자신이 성장할 공간이 없다는 사실을 알고 있었다. 그 안에서 그녀의 뿌리는 이미 꽉 차게 자랐기 때문이었다.

자신의 직관이 옳았음과 그의 성숙하지 못한 행동이 새롭게 출발하기 위한 촉매제로, 삶이 그녀에게 준 것임을 깨닫기까지 오랜 시간이 걸렸다. 삶은 그녀가 앞으로 나아갈 수 있도록 그 남자를 잘라 냈다.

우리도 그녀처럼 한계를 잘 받아들이지 못하고 집착한다. 그렇기 때문에 삶이 우리에게 수많은 연습 기회를 주는지도 모른다. 아주 사소한 것이라도 변화와 함께 흘러가고 한계를 받아들이라는 사실을 상기시켜 줄지 모른다.

얼마 전 내게도 그런 일이 일어났다. 휴대전화가 가끔씩 멈추는 것이었다. 나는 휴대전화가 망가지고 있다는 사실을 인정하지 않았고, 비싸게 주고 새로운 배터리를 구입했다. 하지만 문제가 해결되지 않았다. 진짜 문제는 나였으니까. 나는 불가피한 문제와 마주하려고 하지 않았다. 어리석게도 나는 내 휴대전화에 집착하고 있었다. 중요한 전화번호가 전부 들어 있는데다 색깔도 마음에 들었다. 그 어떤 새 휴대전화도 오래되어 정이 듬뿍 든 내 휴대전화만큼 좋아 보이지 않았다.

새 휴대전화를 사야만 한다는 사실이 명백해지자 나는 투덜거리면서 최악의 경우를 예상했다. 하지만 새 휴대전화에는 유용한 기능이 많았고, 사지 않았으면 큰일 날 뻔했다는 생각까지 들었다. 나는 마침내 휴대전화가 고장 났다는 사실이 성가신 골칫거리도 운명의 못된 장난도 아님을 받아들이게 되었다. 내 휴대전화가 고장 난 데는 이유가 있었다. 집착을 빨리 버릴수록 많은 시간과 돈, 에너지를 절약할 수 있다는 사실도 가르쳐주었다.

과거는 언제나 프롤로그일 뿐

끝을 받아들이는 법을 배우는 연습은 오래 전부터 인간의 경험에 포함되었다. 고대 인도에 전해 내려오는 이야기에서도 알 수 있다.

어느 젊은 여인이 아들을 잃고 깊은 슬픔에 빠졌다. 여인은 아들의 죽음을 받아들이지 못했다. 죽은 아들을 안고 동네 사람들을 찾아가 아들의 병을 고칠 수 있도록 약을 달라고 사정했다. 보다 못한 이웃 사람이 부처에게 가서 이야기해 보라고 그녀에게 권했다. 여인은 절박한 심정으로 부처를 찾아가 아들을 고칠 약을 달라고 사정했다. 부처는 그 불쌍한 여인에게 동정심을 느꼈지만 진부한 말로 위로해 주지는 않았다. 대신 여인에게 이렇게 말했다.

"겨자씨를 한 움큼 구해 오시오. 자식이나 남편, 부모, 친구가 하나도 죽지 않은 집에서 구해 온 것이어야만 하오."

여인은 서둘러 이 집 저 집을 돌아다녔지만 어디에도 그런 집은 없었다. 모든 집마다 사랑하는 사람을 잃은 경험이 있었다.

한밤중이 되자 여인은 길 옆에 앉아 마을의 반짝거리는 불빛을 바라보았다. 자신의 아들을 포함해 세상을 떠난 모든 이들의 생명인 것처럼 느껴졌다.

"이 슬픔을 계속 간직하려고 했다니 내가 참 어리석었구나. 죽음은 누구나 경험하는 건데. 세상의 법칙은 단 하나, 그 무엇도 영원하지 않다는 거야"라고 여인은 혼잣말을 했다.

이렇게 깨달음을 얻은 여인은 아들에게 작별 인사를 하고 자신의 인생을 살아가기로 했다.

삶에서 일어나는 한계와 변화는 고통스러울 수도 있다. 그러나 변화를 나쁘거나 잘못되거나 실패로 생각하고 집착할수록 고통은 더욱 커진다.

영화 〈유브 갓 메일〉도 좋은 보기다. 작은 아동 전문 서점을 운영하는 여주인공 캐슬린은 근처에 대형 서점이 들어서자 문을 닫아야만 하는 처지에 놓였다. 불공평한 일이었다. 그녀는 쉽사리 현실을 받아들이지 못하고 대중에게 호소해 보기도 했지만 아무런 소용도 없었다.

마침내 서점을 닫아야만 하는 상황에 처했을 때, 그녀는 꿈에도 생각하지 못했던 엄청난 기회를 얻는다. 아이들을 위한 책을 써달라는 제의를 받은 것이다. 보다 더 많은 아이들의 인생에 영향을 줄 수 있게 된 것이다. 지금까지 그녀가 서점을 운영하는 데 쏟아 부은 노력은 새로운 모험을 위한 프롤로그였던 셈이다. 끝에서 더 큰 수확을 얻었다.

이 이야기는 우리가 예기치 못한 한계에 맞닥뜨렸을 때 보이는 너무도 전형적인 행동이다. 휴대전화가 고장 났거나, 이성과의 관계가 악화되거나, 직장을 잃었을 때 등등, 새로운 변화를 원하는 한계가 올 상황이라면 편안한 것에 계속 머무르고 싶은 욕구가 생길 것이다. 내면에서는 완전히 초월하라고 하는데도 미친 듯이 상황을 바로잡으려고 집착한다. 우리의 영혼이 우리를 위해 한계를 준비해 놓은 것이라는 사실을 받아들이지 않는다면 고통과 슬픔이 길어질 뿐이다.

낯선 곳으로 뛰어들려면 겁이 나기도 하지만, 한계를 받아들이고 더 이상 뒤돌아보지 않고 앞으로 나아간다면 변화의 문은 우리를 향해 활짝 열린다.

저명한 신화학자인 조셉 캠벨은 아메리카 인디언들의 성년식 격언을 들려주면서 조언한다.

"살다 보면 커다란 틈을 보게 될 것이다. 뛰어넘어라. 생각보다 넓지 않으니."

마음을 다스리지 못할 때

나머지 손가락이 가리키는 곳

인생은 베풂과 받음의 주기로 이루어진다. 가장 행복한 베풂은 상대가 미덥지 못해도 믿고 베푸는 것이다. 이 말은 선입견을 제쳐 둔다는 뜻이다. 성급한 판단이나 원한, 분노의 감정이 있는지 확인해, 선입견에 휘둘리지 않고 눈앞에 놓인 상황을 있는 그대로 받아들이는 것이다.

유대교에 전해 내려오는 지혜에 관한 일화는 선입견을 버릴 때 어떤 일이 일어나는지 알려준다.

랍비는 이따금씩 홀로 산속 오두막으로 묵상을 하러 갔다. 어느 날 그가 오두막에 있는데, 근처 수도원의 원장이 그를 찾아와 이야기를 나누자고 했다. 원장은 수도원에 수사가 다섯 명뿐인데, 모두 고령이라 수도원을 이어갈 사람이 없어서 걱정이라며 그에게 조언을 구했다.

"해줄 조언은 없지만 한 가지는 말해 줄 수 있습니다. 수도원에 있는 다섯 명의 수사 중 한 명이 메시아라오."

원장은 그 말을 수도원의 수사들에게 전했다. 그들 중에 메시아가 있을 것 같지는 않았지만 랍비의 말을 외면하고 싶지 않았다. 물론 수사들은 모두 별난 데가 있었지만 랍비의 말이 정말로 사실이라면 어쩔 것인가?

그래서 수사들은 짜증나게 하는 상대의 습관을 마음 편히 넘어가고 좋은 점은 더 자세하게 들여다보기 시작했다. 뿐만 아니라 그들은 모두 자신의 단점이 아닌 장점에 초점을 맞추었다. 그렇게 몇 주가 지나자 그들은 서로는 물론 자신을 덜 비난하게 되었고, 자신과 다른 사람을 존중하게 되었다. 랍비가 뿌린 씨앗이 단단히 뿌리를 내린 것이었다.

여름이 되어 인근 마을 사람들이 수도원의 마당으로 소풍을 왔다. 그해에 수사들은 더욱 서로를 존중하고 방문객을 따뜻하게 대했다. 수사들은 대단히 친절했고 누구에게든 존중하는 마음이 넘쳤다. 그들에게는 평화와 기쁨이 흘러나왔다.

그러자 그 수도원의 수사가 되고 싶다는 젊은이들이 생겨나기 시작했다. 머지않아 수도원은 젊은 수사들이 많이 들어와 생기 넘치는 곳으로 변했고, 수도원은 사랑을 실천하는 본보기로 떠올랐다.

다섯 명의 늙은 수사들은 서로에게 비난 대신 믿음을 주었다. 그럼으로써 그들을 가로막았던 불신과 비난의 벽을 허물 수 있었다. 그들이 긍정적인 면에 초점을 맞추자 그 긍정적인 면이 꽃을 피우고 마침내 열매를 맺었다.

이 이야기는 우리에게 중요한 질문을 던진다.

- 단점을 열거하고 인생의 법칙에 맞지 않는 성격을 바꾸는 것이 삶의 목적인가?
- 아니면 인생의 가장 기본적인 법칙인 베풂과 받음의 원리로 자신과 남의 좋은 점을 알고 이것이 더욱 강해지고 밝게 빛나게 하는 것이 목적인가?

- **잘못된 믿음**
'내 단점을 뿌리 뽑으려고 노력하고 남들도 그렇게 할 수 있도록 도와주어야만 더 나은 세상이 될 수 있어.'

- **진실의 말**
'내가 집중하는 그 부분에 활기가 생기는 거야. 내 자신과 다른 사람의 장점을 고마워할수록 그 부분이 더 강해지는 거야.'

감사의 힘은 아무리 과장해도 지나치지 않다. 감사만큼 동기를 부여하고 키우는 것은 없다. 테레사 수녀는 "남을 평가한다면 그들을 사랑할 시간이 없어진다"라고 말했다. 비난하는 대신 감사한다면 마음을 담아 행동할 수 있다. 마음이 담기면 무엇이든 풍요로워지는 법이다. 당신이 보살펴야 하는 것들을 바로잡고 이끄는 일도 중요하지만 감사와 칭찬을 받을수록 당신은 더 빠르게 발전할 수 있다. 당신은 하루에 얼마나 자주 진심으로 친구나 가족, 동료에게 그들의 말이나 행동, 재능이 도움이 되었다고 말해 주는가?

감사를 표할수록 더 크고 강하게 성장한다는 말은 절대로 틀에 박힌 말이 아니다. 당신이 다른 사람을 대하는 방식은 당신 자신에게 커다란 영향을 끼친다. 다른 사람을 비난하고 믿지 않는다면 당신이 그들에게 받을 수 있는 것 역시 없다.

작가인 엘리자베스 클레어 프로펫은 "다른 사람을 제한할 때마다 곧 자신이 제한당한다"고 했다. 이유는 간단하다. 당신의 가슴이 그들의 가장 밝은 이미지를 담을 수 있을 만큼 넓지 않다면 당신은 자신의 가능성도 그릴 수 없다. 가슴을 넓혀 남을 믿어 줄 때 당신이 성장할 수 있는 공간도 그만큼 넓어진다.

혹시 이 말을 아는가? 남을 손가락질할 때 나머지 손가락은 안으로 숨어 손가락질하는 자신을 향한다는 것을. 남을 칭찬할 때 모든 손가락이 그를 향해 활짝 편다는 것을.

〈스타워즈〉를 봐야 하는 이유

다른 사람을 믿어 주었는데도 불구하고 그들이 계속해서 당신에게 상처를 준다면 어떻게 해야 할까? 어떻게 해야 분노를 끝내고 가슴을 열어 베풀 수 있을까? 이는 결코 쉬운 일은 아니다. 그런 상황을 애써 외면해도 상처를 주었던 사람에 대한 기억은 오랫동안 남는다.

쉽게 용서하지 못하는 진짜 이유는 하나뿐이다. 용서가 무엇인지, 용서하면 어떻게 되는지에 대한 잘못된 오해를 품고 있기 때문이다. 많은 사람들이 용서는 힘이 약한 사람이 하는 것이라고 생각한다. 이유 없이 괴롭히는 사람에게 항복하는 것이 용서라고 생각한다. 그러면서도 용서를 하면 포식자의 해로운 행동을 내버려두는 것이고, 계속 그렇게 행동할 수 있도록 허가하는 것이라고도 생각한다. 하지만 이는 모두 잘못된 생각이다.

용서를 한다고 반드시 상대의 난폭한 행동을 용납하거나 바보처럼 상대에게 계속 당하고 있어야 한다는 뜻이 아니다. 용서하고도 자신을 보호하기 위한 조치를 취할 수 있다. 용서하고도 앞으로 어떤 행위를 용납하지 않을지 분명하게 밝힐 수 있다. 뿐만 아니라 용서는 그 누구에게도 잘못의 책임을 면할 수 있는 변명 거리가 되어 주지 않는다. 용서는 누군가가 야비한 행동을 했다는 사실을 지워 주지 않는다.

랍비인 해럴드 쿠시너는 남편이 무책임하게 떠난 후 혼자 세 자녀를 힘들게 키우느라 분노에 찬 한 주부에게 그를 용서하라고 말했다. 그녀가 어떻게 남편을 용서할 수 있겠는가? 그녀가 화를 내자 랍비는 이렇게 말했다.

"남편을 용서하라는 이유는 그가 한 일을 두둔해서가 아닙니다. 그가 계속 당신의 머릿속에 남으면 당신만 더 괴로울 테고, 그는 당신을 분노에 가득 찬 사람으로 만들 만한 자격이 없는 사람이기 때문입니다.”

랍비는 분노를 버리지 못하면 남편이 아니라 그녀 자신에게 해를 끼친다고 설명했다. 용서는 남을 위해 하는 것이 아니다. 용서는 자신의 내면에서 일어난다. “당신에게 나를 희생자로 만들 힘을 주지 않겠다”라고 말하는 것이 바로 용서다.

> ● **잘못된 믿음**
> ‘남을 용서한다는 건 그들의 행동을 용납하고 책임을 면제해 주는 거나 마찬가지야.’
>
> ● **진실의 말**
> ‘용서는 남의 잘못된 행동을 용납하고 눈감아 주는 게 아니야. 용서를 통해 바로 내가 자유로워지는 거야.’

다른 사람을 용서하고 믿어 줌으로써 그들에게 새롭게 바뀔 기회를 줄 수 있다. 하지만 가장 중요한 것은 그를 용서함으로써 자신이 자유로워진다는 모순적인 진실이다.

이상하게도 우리는 원한을 잊지 말아야만 나를 괴롭힌 그와의 관계를 끊을 수 있다고 생각한다. 그러나 원한을 계속 붙들고 있으면 자신만 피곤해지고 자신만 비참해진다. 비참함과 분노, 복수심을 계속 품고 있으면 정신적으로나 감정적으로나 과거에 매달리고 만다. 그러면 작별하고 싶은 그와의 관계 역시 계속 이어질 수밖에 없다.

관심은 에너지다. 당신의 관심이 어떤 사람이나 대상을 향하면 당신과의 사이에 에너지의 흐름이 만들어진다. 당신의 생각이 애정으로 가득한지, 짜증과 분노로 가득한지는 상관없다. 어느 쪽이든 당신의 관심으로 에너지의 결합이 생겨난다.

이를 이해하면 당신의 증오와 분노가 향하는 사람과 자동으로 연결된다는 사실도 알게 된다. 사람들은 다른 사람과 멀어지고 싶을 때 원한을 품는 것이 올바른 반응이라고 생각한다. 하지만 원한에 담긴 에너지가 오히려 당신과 그 사람을 묶는다. 그와의 관계만 단단해질 뿐이다.

또한 용서하지 않으면 분노가 당신의 생기까지 고갈시켜 버린다. 당신의 관심을 분산시키므로 당신이 해야 할 다른 일도 못 하고, 그 일에 쏟을 열정도 솟아날 수 없다. 이는 중간에 커다란 구멍이 난 호스로 정원에 물을 뿌리려고 하는 것과 같다. 그 구멍을 막거나 새로 호스를 사기 전까지는 호스에서 물이 충분히 나오지 않을 것이다.

용서하지 않으면 그에 대한 통제권을 쥘 수 있다고 착각하기도 한다. 하지만 현실에서는 당신의 소중한 에너지와 관심을 분산시키는 그 대상이 당신을 통제할 뿐이다. 용서하지 않으면 당신만 고통받는다.

"용서하지 않으면 스스로 독을 마시면서 상대방이 죽기를 바라는 것이나 마찬가지다."

> ● 잘못된 믿음
> '용서하지 않는 게 내가 통제권을 쥘 수 있는 방법이야.'
>
> ● 진실의 말
> '용서하지 않으면 분노가 나를 통제해.'

영화 〈스타워즈〉 시리즈의 에피소드 6인 〈제다이의 귀환〉에서도 분노에 매달릴수록 결과가 어떻게 되는지 생생하게 보여준다.

악의 황제와 다스 베이더가 루크 스카이워커와 만나는 클라이맥스 장면을 보라. 황제는 오래 전 다스 베이더에게 그런 것처럼 루크를 악의 편으로 끌어들일 기회만을 끈기 있게 기다렸다. 루크와 마주한 순간, 황제는 "증오가 일어나기 시작했을 거다. 광선검으로 나를 쳐라"라고 자극한다.

황제가 루크에게 한 말에는 분노와 용서하지 않음이 어떤 영향을 끼치는지 정확하게 요약되어 있다.

"분노에 굴복하라. 시간이 지날수록 너는 더욱 내 하수인이 될 뿐이다."

황제는 분노가 클수록 증오하는 대상에 더 쉽게 굴복하게 된다는 사실을 잘 알고 있었다. 다행스럽게도 루크는 늦기 전에 자신을 통제했다. 진정한 자기 자신과 사랑에 관심을 집중함으로써 그는 자신을 구했을 뿐만 아니라 다스 베이더를 선으로 되돌려 놓았다.

이 모든 이야기가 애매모호하고 추상적인 말처럼 여겨지는가? 최근의 연구 결과가 이를 과학적으로 증명해 줄 것이다.

연구에 따르면 원망이나 적대감, 분노에 매달릴수록 눈에 보이는 해로운 영향이 나타났다. 다른 연구진은 용서할 수 없다는 생각이 심장 박동수를 크게 높이고 혈압을 변화시키는 반면 용서하는 마음은 생리적인 스트레스 반응을 낮추어 준다고 발표했다.

만성적인 요통에 시달리는 이들을 대상으로 실시한 연구에서는 용서하는 사람일수록 용서하지 못하는 사람보다 통증 수치와 분노, 우울증의 정도가 낮다는 사실이 나타났다. 이 실험에서 용서의 힘을 깨달은 실험 참가자들은 상대방을 용서하는 법을 배웠고, 희망과 자존감이 상당히 높아졌으며, 불안과 우울증 수치가 낮아졌다.

또 다른 연구에서는 어린 시절에 잘못을 저지른 아버지를 용서한 자녀가 용서하지 않은 자녀보다 불안과 우울증 증세가 적고 삶과 자기 자신을 긍정적으로 바라보는 것으로 나타났다. 그밖에도 여러 연구에서 용서하지 않으면 감정적인 짐이 될 뿐 아니라 육체적으로도 해로운 영향을 끼친다는 사실을 알려준다.

화낼수록 지치는 건 자신뿐

용서의 놀라운 힘을 가로막는 잘못된 생각 중에는 이런 것들도 있다. 앞으로 나아가기 전에 '정의가 행해져야만 한다'고 생각하는 것이다. 왜 그런 일이 벌어졌는지 이해해야만 평화를 찾을 수 있다고 생각하는가?

'왜 이런 일이 일어났지? 왜 하필 나야? 왜 지금?'

이렇게 자신에게 묻는다. 그리고 스스로 답을 찾을 수 있을지도 모른다. 그 사건이 당신에게 가르쳐 주고자 하는 것과 그 뒤에 숨은 축복을 알게 될 수도 있다. 아마도 그것은 당신을 해로운 인간관계에서 꺼내 주고, 더 강하게 만들어 주거나, 똑같은 문제에 놓인 다른 사람을 도와줄 힘이 될지도 모른다. 엄청난 재앙으로 이어질지도 모를 상황에서 당신을 구해 주었을 수도 있다. 당신에게 상처를 입힌 사람은 그 상처를 보고 나서 자신이 어리석은 짓을 했음을 깨우칠 수도 있다.

하지만 근본적인 이유와 교훈은 훨씬 나중에야 확실하게 나타난다. 실제로 당신은 어떤 사건의 이유를 끝까지 알지 못할 것이다. 그렇다고 그 이유를 알 때까지 기다렸다가 용서하고 마음의 평화를 얻어야 할까?

우리는 다음 일화를 통해 이 질문의 답을 깨닫게 된다.

어느 날 부처의 제자들 중 한 명이 세상이 무한한지 유한한지, 영원한지 영원하지 않은지 같은 난해한 질문에 부처의 담론이 해답을 주지 않는다고 불평했다.

제자는 부처가 답을 주지 않으면 예전에 살던 방식으로 돌아가겠다고 했다. 그러자 부처는 그런 질문의 답을 기다리는 것은 독화살을 맞은 사람이 의사에게 이렇게 말하는 것과 같다고 했다.

"안 됩니다. 나는 먼저 내게 독화살을 쏜 자가 누구인지, 키는 얼마이고, 피부는 무슨 색깔인지, 어디 살고, 어떤 활을 사용했는지, 활을 무엇으로 만들었고, 화살 깃은 무슨 털로 만들었는지 알아보기 전까지는 이 독화살을 빼내지 않겠소."

분명 그는 그 답을 알기 전에 죽을 것이다. 그의 생존이나 치유가 그 답과는 전혀 관계가 없으니 말이다.

그렇다면 우리는 어떻게 치유해야 할까? 우리는 때로 운명이 쏜 가혹한 화살에 맞는다. 그럴 때 '왜 이런 일이 내게 일어났지? 누구 때문이지? 어떻게 해야 복수할 수 있지?'를 고민하는 게 중요할까? 아니면 독화살을 빼내고, 마음을 평온하게 하면서, 더 빨리 치유해야 할까?

남에게 해를 끼치면 그 행동에 책임을 져야 한다. 집이든 학교든 법원이든 정의가 존재하는 것도 그 때문이다. 그러나 인류의 위대한 스승들은 세상에 적용되는 법 체제보다 고귀하고 보편적인 영향을 주는 법이 있다고 말한다. 그들이 말하는 법이란 바로 순환의 법칙이다.

분노와 증오를 퍼뜨리면 언젠가 어딘가에서 그것을 반드시 거두어들여야 한다. 마찬가지로 사랑과 용서를 퍼뜨린다면 그것이 언젠가 어딘가에서 되돌아온다. 카르마나 인과응보와 같은 말을 비롯해 세계의 전통에는 이 점이 분명하게 드러난다. 용어는 다르지만 그 원리는 모두 똑같다.

순환의 법칙이 다른 사람의 삶에 어떤 영향을 끼치는지 의아할지 모른다. 정의가 언제 어떻게 실행되는지는 자신의 힘으로 좌우하지 못한다. 하지만 삶을 되돌리고 증오와 복수의 수레바퀴를 끝내는 것은 자신의 노력으로 좌우할 수 있다.

그 누구도 증오나 폭력을 원하지 않는다. 그러나 용서하지 않으면 그런 것들이 계속 살아 있게 마련이다. 지구상에 증오와 폭력이 심해진다고 불평하면서도 자신을 용서하지 않거나 자신이 받은 상처를 곱절로 되돌려 주려고 함으로써 우리도 가속도를 높이는 데 한몫하고 있다. 세상에 증오심과 폭력이 늘어나는 원인에는 앙갚음하려는 분노가 자리하고 있다.

우리에게는 아무리 힘들고 비통한 상황에서도 "여기서 더 이상 심해지지 않게 하자"라고 말할 힘이 있다. 불교의 대표적인 경전인 《법구경》에는 그 진리가 이렇게 표현되어 있다.

"욕을 얻어먹고 주먹에 얻어맞고 짓밟히고 빼앗겼다는 생각을 계속 품으면 그 원한은 식지 않는 법이다. 원한은 원한에 의해 고요해질 수 없으며 오직 사랑으로만 치유될 수 있다. 이것은 태곳적부터 내려오는 영원한 법칙이다. 우리는 모두 언젠가 죽는다. 그것을 아는 자들은 언쟁을 즉시 멈추리라."

용서는 나를 존중하는 위대한 힘

"그는 내게 상처를 주었다."
"그녀가 나를 배신했다."

"그가 나를 속였다."

이런 일은 곳곳에서 언제나 일어나고 있다. 그러나 그에 집착해 몇 번이고 계속 되새기지는 말자. 끝을 정하지 않고 계속 되풀이한다면 인생의 한 조각에서 일어난 일이 인생 전체에서 일어난 일이라고 생각하게 된다.

물론 개인이나 집단, 나라 전체에 일어난 부당한 일은 명심해야만 또 다시 그런 일이 발생하는 것을 막을 수 있다. 철학자 조지 산타야나의 말처럼 과거를 기억하지 못하는 사람은 과거를 반복하게 마련이다.

그럼에도 불구하고 당신에게 일어난 일이나 당신이 언젠가 누군가에게 한 행동이 당신의 인생 전체가 될 필요는 없다. 당신에게는 새로운 세상과 내일을 만들어 낼 힘이 있다. 아무리 과거가 당신의 마음을 꼭 닫아 버려, 당신이 베풀거나 받는 것을 방해한다고 해도 당신의 의지를 막지 못한다. 당신이 그렇게 하도록 내버려두지만 않는다면 말이다.

다른 사람의 말이나 행동은 그에 대한 기억을 쓸데없이 짊어지고 있을 때에만 당신을 짓누를 수 있다. 그 짐을 내려놓고 간다면 얼마나 자유로울까? 그때 비로소 훨씬 더 빨리, 멀리까지 걸을 수 있을 것이다. 그 짐이 없다면 당신은 날아갈 수도 있을 것이다.

용서는 자신을 존중하는 또 다른 방법이다. 다른 사람들이 당신

에게 하는 평가나 외적인 표현에 거들먹거리기보다 용서를 통해
당신은 훨씬 위대한 존재가 될 수 있다. 자신의 위대한 가치를 세
상에 선언할 수 있다. 해로운 행동을 하는 이들이 당신의 용서를
통해 그들 자신이 얼마나 가치 있는 존재인지 깨닫게 할 수 있다.
당신의 연민이 담긴 용서는 그들이 그 사실을 깨달을 수 있도록
도와준다.

- 잘못된 믿음
  '용서는 나 자신을 속이고 존중하지 않는 거야.'

- 진실의 말
  '용서는 나 자신을 존중하는 거야. 내가 남의 생각
  이나 그들이 내게 한 행동보다 위대한 존재라고
  단언하는 거야.'

용서는 정말 놀라운 기회로 작용한다. 다른 사람의 성숙하지 못
한 행동 때문에 왜 시달리고 힘들어해야 하는가? 그들을 당신이
앙갚음해야 할 대상으로 지목할 것인가? 그렇게 계속 그 짐을 지
고 갈 것인가? 아니면 당신을 힘들게 하는 그 무거운 짐을 내려놓
고 자유롭게 훨훨 날아갈 것인가?

지금까지 살펴본 잘못된 믿음 외에 우리에게 고통을 안겨 주는 또 다른 요소가 있다. 그것은 자신에 대한 원망이다. 이것은 앞에서 살펴본, '고통스러운 일이 생겼을 때 무조건 자신이 잘못했기 때문이라는 잘못된 믿음에 매달리는 것'을 떠올리게 한다.

부모가 싸우거나 이혼해서 떠나면 자신을 탓하는 아이처럼 우리는 상황을 분석할 때 모든 책임을 자신에게 돌린다.

'내가 왜 이런 일이 일어나도록 한 거지?'

'도대체 나는 뭘 한 거지? 이렇게 오랫동안 이 일을 내버려두다니……'

물론 그런 일이 생기지 않도록 막을 수 있었을지도 모른다. 그러나 자신을 존중하기 위해서는 그 상황을 깨달음의 일부로 여겨야 한다. 아무리 힘들고 척박한 상황이라도 깨달음이나 선물이 꼭 들어 있는 법이다. 힘든 시간을 헤쳐 나가기 위해 자신이나 남을 탓해야 한다고 생각하지 말고 선물을 찾으려고 해보라.

생텍쥐페리의 소설 《어린 왕자》에 나오는 어린 왕자처럼 "사막이 아름다운 이유는 어디엔가 우물이 숨어 있기 때문이야"라고 말해 보라. 나 역시 내 삶의 무미건조한 시기에 어딘가에 있을 우물을 찾으려고 노력한 것이 내게 큰 도움이 되었다.

'내가 뭘 잘못한 거지?'라는 불평이 떠오른 순간 '지금 내가 내 자신과 인생의 순리에 대해 뭘 배웠지?'라고 고쳐 생각하려고 노력한다. 이 질문은 당신의 인생에도 매우 유익하다.

그 답은 여러 가지가 될 수 있다.

'다른 사람이 더 잘 알 거라고 추측하지 말고 내 안에서 길을 찾아야겠어.'

'예라고 말하기 전에 꼭 생각해보도록 해.'

'남에게 해를 끼치지 않을 수 있는 보다 나은 방법을 찾을 수 있을 거야.'

'내 감정을 신뢰해야만 가장 좋은 결정을 내릴 수 있어.'

'다음에는 과거에 집착하지 말고 더 빨리 벗어날 거야.'

시간이 흐르면서 교훈은 다양하게 변하지만, 어떤 경우든 나는 똑같은 주제로 향한다. 어떻게 하면 자신을 존중하고 다른 사람들에게 베풀 수 있을까? 이 질문은 놀라울 만큼 일관되게 내게 답을 알려준다. 그러기 위해서는 후회와 원망을 버려야 한다고. 그 짐을 내려놓으면 자유롭게 훨훨 날아오를 수 있다고 말이다.

—후회를 버리고 나를 찾고 싶다면—

후회 내려놓기

여전히 자신이나 남을 탓하고 완전히 받아들이지 못한 그 무엇이
있는가? 후회는 당신의 일부가 여전히 과거를 헤매고 당신이 에너
지를 지금 이 순간에 온전히 집중해서 사용하지 못하고 있다는 신
호다. 어떤 상황에서 벗어나 모든 에너지를 사용하려면 단계적인
과정을 거쳐야 한다. 힘든 도전이 될 수도 있다. 그러나 과거에 얽
매인 채 앞으로 나아가려고 애쓰는 것이 훨씬 더 힘든 일이다. 후
회는 깊을수록 절망이 될 뿐이다.

다음의 지침은 후회하는 일 때문에 피곤해지고 절망까지 하는 당
신을 바로 세워 줄 것이다. 상처와 분노를 일으키는 상황이 일어
날 때마다 활용해 보라.

숨어 있는 후회를 찾아라

우리는 후회의 짐을 스스로 지고 있다는 사실을 깨닫지 못한다.
다음의 질문을 통해 당신의 에너지를 훔쳐 가는 숨은 후회를 찾아
낼 수 있다.

- 과거의 일 중에서 지금도 가끔씩 떠오르고 그때마다 화가 나고 우울해지는 일이 있는가?
- 자신이 희생자라고 생각하는가?
- 앞으로 살아갈 날이 많은데 그 일로 삶 전체가 흐트러지도록 내버려두었는가?
- 남이 내게 해로운 행동을 하도록 내버려두었다고 자신을 원망하는가?

상대의 입장에서 나를 들여다보라

연구에 따르면 감정이입은 물론 사건의 비인격화는 더 빠른 용서를 가능하게 해준다. 감정이입이란 다른 사람의 해로운 행동을 용인하는 것이 아니다. 다른 사람의 입장에서 생각해 보면 더 객관적일 수 있으므로 결과적으로 문제를 더 효과적으로 처리할 수 있다. 아래와 같이 자신에게 물어보라.

- 그가 내게 한 행동을 용인하지는 않지만, 그 사람이 어째서 그런 행동을 하게 되었는지 이해할 수는 있는가?
- 내가 그런 비슷한 행동을 한 적이 있거나 하고 싶었던 적은 없는가?

후회되는 그 일에서 교훈을 찾아라

고통스러운 경험이 나중에는 축복이 되는 경우를 누구나 경험해 보았을 것이다. 그 덕분에 보다 나은 기회를 만났고, 인생의 중요한 기술을 배웠으며, 인생의 중요한 선택을 했을 것이다. 당시에는 불쾌했던 일이 나중에 오히려 기회와 힘이 되는 경우가 있었을 것이다. 그렇다면 자신에게 물어보라.

- 이 경험에서 어떤 교훈을 얻었는가?
- 내 자신 또는 이 일에 관련된 다른 사람에 대해 무엇을 알게 되었는가?
- 그 깨달음을 앞으로 어떻게 응용할 것인가?

앞으로 나아가기 위한 행동을 취하라

후회할 만한 행동을 했다고 해서 그 일이 끊임없이 머릿속에 떠올라 무거운 짐이 될 이유는 없다. 그 대신 해결책을 줄 수 있는 행동을 취하라. 아무리 오래 전에 일어난 일이라도 당신이 상처를 준 사람을 찾아가 사과하라. 당신의 행동으로 인해 잃거나 망가진 것이 있다면 채워 넣어라. 과거의 행동을 보상할 수 있도록 자신에게 진지한 일을 주어라. 자원봉사 활동을 하거나, 독거노인들을 도와주거나, 가난한 아이들을 보살피거나, 무료 급식 활동에 참여해 보라. 가만히 앉아 후회로 괴로워하지 말고 적극적으로 행동을 취하면 앞으로 나아가는 데 도움이 된다.

신체적인 행동을 취하면 그 상황에서 벗어나는 데 도움이 된다. 그 방법은 여러 가지가 있다. 내가 몇 년 동안 유용하게 활용한 의식 중 하나는 신에게 편지를 쓰는 것이다.

종이에 내 감정을 모두 쓰고, 그 감정에서 벗어나 평화를 얻을 수 있도록 도와 달라고 쓴다. 그 상황에 관련된 이들에 대한 집착을 버리고 모든 것을 신에게 맡긴다고 쓴다. 그런 다음 소리 내어 마음을 비우는 기도를 한 후 그 편지를 태운다. 종이가 불에 타면 모든 기억과 내가 짊어진 짐이 불타는 모습을 상상한다.

다른 효과적인 방법으로는 돌이나 조개 같은 것을 손에 쥔 채 내 감정이 그 안에 들어가는 것을 상상하는 것이다. 그런 다음 선언의 말이나 기도를 하고 그것을 숲이나 바다에 힘껏 던진다.

어떤 식이든 자신에게 의미 있는 독창적인 방법을 궁리하라. 자신을 자유롭게 해줄 수 있는 방법을.

Part 4

답은 그들이 아니라 내 안에 있다

"자기 자신이기를 고집하라. 절대 남을 흉내 내지 마라.
자신에게 부여된 일을 하라.
너무 많이 바라지도 말고, 지나치게 용기 내지도 마라."

-랄프 왈도 에머슨

명작은 내 안에 있다

지구의 모든 것에는 목적이 있다. 병마다
고칠 수 있는 약초가 있으며, 저마다 타고난 임무가 있다.
— 모닝 도브

같지만 결코 같을 수 없는 것

"하늘 아래에 새로운 것은 하나도 없다."
이것은 잘못된 믿음일까?

수도승과 제자가 길을 가고 있었다.
"부처의 탁월함이 온 세상을 비춥니다."
제자가 말을 다 끝내기도 전에 스승이 물었다.
"누군가가 쓴 시를 읊고 있는 거냐?"
"네, 그렇습니다."

그러자 스승이 말했다.

"그렇다면 옆길로 빠졌구나."

자신의 목소리를 감추거나 순응에 익숙해질수록 자신이 가고자 하는 방향과는 어긋난 길로 벗어나고 만다. 일관성과 순응은 영혼의 적이다. 랄프 왈도 에머슨은 그의 저서 《자신감》에서 비순응과 비일관성의 가치를 극찬한다.

"왜 머리를 어깨 위에 두어야 하는가? 어리석은 일관성은 옹졸한 마음의 장난이다. 일관성은 위대한 영혼을 무료하게 하고, 벽에 비친 그림자를 보고 있게 할 뿐이다."

당신은 당신만의 목소리를 갖고 있으며 당신만이 해야 할 말이 있다. 이렇게 볼 때 당신과 나는 펭귄과 비슷하다. 펭귄은 전부 똑같이 하얗고 까만색으로 된 턱시도를 입은 순응주의자처럼 보인다. 그러나 가장 중요한 부분에서만큼은 모든 펭귄은 조금도 똑같지 않다.

펭귄은 서로를 구분해 주는 자신만의 독특한 목소리를 갖고 태어난다. 펭귄이 새끼를 기르기 시작하면서 그 개성이 진가를 발휘한다. 엄마 펭귄은 알을 낳아 아빠 펭귄에게 가져다주고 먹이를 구하기 위해 바다로 긴 여행을 떠난다. 그래야 돌아와서 새끼에게 영양분을 공급할 수 있기 때문이다. 그동안 아빠 펭귄은 알을 따뜻하게 보듬는다. 알이 부화하면 새끼들을 보호하면서 약 두 달 후 돌아오는 엄마 펭귄을 함께 기다린다.

몇 달 동안 엄마 펭귄과 아빠 펭귄은 돌아가면서 바다로 나가 먹이를 구하고 돌아와서 새끼들을 키운다. 펭귄들이 힘든 여정에서 돌아올 때마다 펭귄들의 번식지는 흑백으로 가득한 거대한 바다처럼 보인다. 살쪄서 돌아온 엄마 펭귄과 아빠 펭귄은 어떻게 자신의 짝과 새끼들을 알아볼까?

펭귄들은 저마다 독특한 소리와 발성뿐만 아니라 인식 체계가 있어서 서로를 알아보고 새끼의 부름에 답할 수 있다. 우리도 펭귄과 마찬가지로 각자 고유한 목소리가 있어 우리를 보살펴 주는 이들과 우리가 보살펴 주어야만 하는 이들에게 고유하게 인식될 수 있다.

나는 충분히 특별하다

당신이 눈송이나 펭귄처럼 고유한 존재라는 말은 상투적인 표현으로 들릴지도 모른다. 하지만 이 세상이 예술적인 솜씨에 담겨 있는 의미를 생각해 보라. 독특한 무언가가 주어진 데는 분명히 그럴 만한 이유가 있다. 당신이 주는 선물을 받아야 하는 사람이 있다. 당신이 목소리를 내지 않으면 당신의 선물을 받아야만 하는 이들이 당신을 알아보지 못한다. 그것이 자연의 순리이고 삶의 이치다. 당신은 자신의 목소리를 존중하고 그것을 들어야 하는 사람들과 함께해야 한다. 그 목소리를 듣기 싫어하는 이들이 뭐라고 하더라도 말이다.

당신은 '나는 특별한 사람이 아니야' 라고 생각하며 목소리 내기를 주저할지도 모른다. 자신은 특별한 재능이나 존중할 만한 능력이 없다고 생각할 수도 있다. 하지만 그것은 잘못된 생각이다. 누구나 베풀 수 있는 재능을 갖고 있다. 자신의 재능이 무엇인지 모른다고 당신에게 재능이 없다는 뜻은 아니다. 아직 재능을 발견하지 못했을 뿐이다.

● 잘못된 믿음
'나는 특별하지 않아.'

● 진실의 말
'내게는 누군가 받아야만 하는 특별한 재능이 있고 누군가 들어야만 하는 특별한 목소리가 있어.'

흔히 재능은 높은 아이큐나 전문적인 기술 또는 훌륭한 성과 등이 따른다고 생각한다. 하지만 이런 잘못된 믿음 때문에 '나는 특별하지 않아'라고 생각하게 된다. 어떤 이들은 베푸는 능력과 받을 자격은 이름 뒤에 따라붙는 지명도에 따라 정해진다고 생각한다. 그러나 긍정적이든 부정적이든 다른 사람이 당신에게 붙이는 꼬리표는 절대로 당신의 본질이 아니다.

극작가 헨리크 입센의 작품 〈페르귄트〉에서 성실한 소작농에게 바치는 헌사는 그 점을 잘 보여준다.

목사는 그 소작농의 무덤에 바치는 찬사에서 그 소작농이 젊은 시절 군대를 가지 않기 위해 자신의 손가락을 잘랐다고 믿는 마을 사람들 때문에 평생 마음속으로 고통과 혐오를 느꼈다는 사실에 대해 이야기했다.

목사에 따르면 그 소작농은 부유하지도 지혜롭지도 않았으며, 목소리도 작았고, 태도도 남자답지 못했다. 그러나 그의 마음은 선했으며, 가족을 위해 봉사하는 삶을 살았다. 비록 부자가 된 세 아들에게는 잊힌 존재가 되었지만. 목사는 그 보잘것없는 농부가 자기 자신에게 솔직했다는 점을 찬양했다.

"그는 애국자가 아니었습니다. 교회나 국가에 모두 결실을 맺지 못하는 나무와도 같았습니다. 그러나 고지대의 산등성이에서, 그가 자신의 소명을 발견한 조그만 테두리 안에서 그는 자기 자신일 수 있었기에 위대했습니다. 그의 타고난 목소리가 끝에 가서 사실로 들린 것입니다."

당신이 자신만의 진정한 소리를 낼 때 그 소리가 비록 작더라도 다른 사람들과 세상에 기여할 수 있다. 그렇다면 당신의 타고난 소리는 무엇인가?

● 잘못된 믿음
'사회에 기여하려면 직함이 있거나 전문적인 기술이 있어야만 해.'

● 진실의 말
'사람들이 내게 붙이는 꼬리표는 내 진정한 가치를 결정하지 않아. 내가 내 자신일 때 그들과 세상에 기여할 수 있어.'

몇 해 전, 나는 병원 대기실에서 한 여성과 대화를 나누었다. 그녀는 쾌활한 성격이어서 그 기분 좋은 성격을 언급하지 않을 수 없었다. 그러자 그녀는 더 활짝 웃더니 내게 바짝 다가와 들뜬 목소리로 속삭였다.

"주변 사람들의 기분을 좋게 해주는 게 제 임무인 것 같아요. 저는 매일 아침 직장에 출근할 때마다 사무실에 들어오는 모든 사람들을 조금 더 밝게 해주려고 노력해요."

나는 그녀의 솔직함에 감동받았다. 그녀는 이기적이지도 교만하지도 않았다. 단지 자신이 누구인지, 왜 세상에 태어났는지 알 뿐이었다. 그녀는 자신의 목소리를 찾은 것이다. 그녀는 거창한 조건을 갖추지 않아도 가치 있는 사람이 될 수 있음을 잘 알고 있었다.

나는 모임에 참석할 때마다 화려한 직장도 경력도 없는 전업 주부라는 이유만으로 위축되는 여성을 많이 본다. 하지만 그녀들이야말로 다정함과 강인함을 동시에 발산한다. 그들은 민감하면서도 강하다. 비록 세상 사람들은 그들을 그냥 지나치지만 그들은 존재만으로도 세상에 엄청난 영향을 끼친다. 그들의 존재는 사랑으로 키우는 자녀에게 영향을 끼치고, 그 아이들이 수많은 이들에게 더 큰 영향을 끼치고 본보기가 될 것이다.

있는 그대로의 모습은 그에게 붙은 꼬리표보다 훨씬 중요하다. 16세기 스페인의 신비주의자 아빌라의 테레사는 "신은 우리가 한 일의 중요성은 별로 신경 쓰지 않는다. 그 일을 사랑으로 행했는지에 더 신경 쓴다"라고 말했다. 또한 최근의 또 다른 테레사인 테레사 수녀는 "가장 중요한 기회는 위대한 일을 하기 위해서가 아니라 위대한 사랑으로 작은 일을 하기 위해 존재한다"라고 말했다.

그러나 오늘날 많은 이들이 고유한 목소리를 표현하는 '작은 일들'이 아니라 어디에 사는지, 어떤 직업을 가졌는지, 어떤 자격 증을 가졌는지, 혹은 다른 일을 하거나 그것을 가지지 못했는지로 존재를 정의하려는 경향이 있다. 또한 해야 할 일을 얼마나 끝마 쳤는지에 따라 가치를 매기려고 한다. 모임에 가거나 새로운 사람 을 만날 때도 습관적으로 "무슨 일을 하세요?"라고 묻지 않는가? 당신의 커리어나 직업은 당신의 존재 이유를 표현하는 수단이자 당신의 재능을 나누는 수단으로 활용될 수도 있고 그렇지 않을 수 도 있다. 어느 쪽이든 당신이 무엇을 하는지는 당신이라는 존재의 전부가 될 수는 없다.

당신이 무슨 일을 하더라도 언젠가는 다음의 질문에 답해야만 한다. 불교에서 수행자들에게 주어지는 과제처럼, 스스로 쌓아 온 자신의 이미지를 담아 삶의 진정한 의미를 생각해 보도록 만드는 질문이다.

"아무런 할 일이 남아 있지 않다면 나는 누구인가?"

언젠가가 아닌 바로 지금

우리는 무언가를 하거나 계획하고 미래의 목표를 향해 나아가

느라 존재 자체를 잊어버린다. 앞으로 어떤 사람이 될지에 정신이 팔려 지금 내가 어떤 존재인지는 잊어버린다. 현재는 미래의 결승 선에 도달하기 위해 달리는 중이라고 생각하면 지금 자신의 존재 를 제대로 알 수 없다. 미래의 결승선은 어렴풋이 보일 뿐 아무리 서둘러도 가까워지는 것 같지 않다. 환상에 불과한 결승선을 성공 의 잣대로 보기도 한다.

자기계발 분야의 대가들 역시 멀리 내다보아야 한다고 말한다. 앞으로 되고 싶은 모습에 초점을 맞추어야 그것을 지금 이 순간에 끌어들일 수 있다고 말이다.

그러나 세월이 지나도 변하지 않는 지혜를 전해 주는 위대한 스 승들은 다른 방향을 보라고, 목표 지점을 바라보는 것이 전부가 아니라고 말한다. 커다란 목표보다 그것을 위해 다가가는 한 걸음 한 걸음이 더 중요하다. 매순간 당신의 선택과 행동이 서로 엮여 당신의 인생을 말해 준다.

나치의 죽음의 수용소에서 살아남은 정신과 의사 빅터 프랭클 역시 인생의 의미를 단편적으로 찾으라는 데 동의했다. 그는 수용 소에서 해방되어 자신만의 심리 치료 이론을 만들었다.

그는 저서 《삶의 의미를 찾아서》에서 인생을 저마다 의미가 담 긴 수많은 장면으로 이루어진 영화로 생각해 보라고 말한다. 영화 전체를 이해하려면 우선 개별적인 장면들을 고려해야만 한다. 그는 인생도 그런 식으로 바라보라고, 모든 개별적인 상황에 담긴 잠재적인 의미에 초점을 맞추라고 말한다. 삶의 의미는 사람마다 다를 뿐만 아니라 날마다 그리고 매시간 다르다. 그러므로 전반적인 삶의 의미보다는 주어진 순간의 구체적인 의미가 더 중요하다.

삶을 이루는 작은 조각들이 하찮게 보일 수도 있다. 하지만 전체적으로 볼 때 그 작은 조각들은 더없이 중요하다. 그래서 '내 삶의 의미는 무엇인가?' 라는 질문의 답은 또 다른 질문인 '나는 지금 어떤 선택을 하고 있는가?' 의 답을 통해 꿰뚫어 볼 수 있다.

이런 삶의 관점은 결승선을 향해 전력 질주하려는 이들을 자유롭게 하고, 눈앞에 놓인 기회에 관심을 집중할 수 있도록 해준다. 두렵거나 이룰 수 없는 미래나 목표에 집중할 때 생기는 불안감을 누그러뜨려 준다.

이처럼 인생을 한 순간씩 마주하다 보면 그 순간에 최선을 다해 완전하게 살 수 있다. 인생은 당신이 순간순간 내리는 선택들로 이루어진다. 타고난 목소리를 내는 것은 학업이나 기술, 돈이 충분하거나, 좋은 직장이 있거나, 충분한 관객이 있어야만 가능한 일이 아니다. 당신의 재능을 베푸는 것은 바로 지금, 매순간 할 수 있는 일이다.

명작은 한순간에 되지 않는다

오늘날 실시간으로 전 세계적인 의사소통이 가능해졌다. 이런 삶은 우리에게 편리와 편안을 안겨 주지만 반대로 우리를 늘 바쁘고 서두르게 한다. 흐름에 떠밀리지 않고 현재에 머물러 있으려면 엄청난 에너지가 필요하다. 물론 현재에 집중하라는 말은 절대로 그 어떤 계획이나 장기적인 목표를 세우지 말라는 뜻이 아니다. 그런 것들도 중요하다. 그러나 언제나 머나먼 미래만 바라본다면 지금 이 순간 자신에게 베푸는 것과 당신이 할 수 있는 일을 잊어버리기 쉽다.

● 잘못된 믿음
'장기적인 목표에 집중하는 게 가장 중요한 일이야.'

● 진실의 말
'지금 이 순간은 인생 전체만큼 중요해. 지금 이 순간 내가 무엇을 할지 내리는 선택이 내 인생에 의미와 계기를 부여하는 거야.'

속도를 늦추고 현재를 음미하려면 믿음을 가져야 한다. 지금 이 순간에 담긴 기회가 하나하나 모여 명작을 만들어 내는 예술가의 손길과 같다고 믿어야 한다. 비록 전체 그림이 잘 보이지 않더라도 말이다.

현재의 아름다움을 알고 싶으면 급하게 순간을 지나 결승선으로 뛰어가려고 하지 마라. 가만히 앉아 있어라. 앞으로 인생 속에 쟁여 넣을 것들에 흔들리지 말고, 지금 이 순간이 당신에게 주는 질을 깨달아야 한다.

작가이자 트라피스트 수도회의 수사인 토머스 머튼은 서두르며 살아가는 것은 안내서를 손에 든 채 서둘러 박물관의 주요 작품만 구경하는 것과 같다고 말한다. 그에 따르면 그럴 경우 '전부 보기는 했지만 진정으로 본 것은 하나도 없으므로' 박물관에 들어가기 전과 달리 활기를 잃은 채 나오고 만다.

직장에서 어떤 프로젝트를 완수하거나 승진하는 것처럼 저 멀리 있는 목표에만 집중하면 당신 옆에서 당신의 관심과 사랑을 필요로 하는 이들을 잊어버린다. 길을 가로막는 것들은 전부 제쳐두고 목표를 향해 달려가 마침내 결승선에 도달하면 정말 만족스럽겠는가? 지나온 길에는 당신이 상처 주거나 제쳐 두거나 내버린 것들이 가득할 텐데 말이다. 몇 년 동안 쉬지 않고 달려와 쓰러지고 지금까지 노력해 얻은 것을 음미할 힘이 없다면 과연 성공했다고 말할 수 있을까?

그런 삶은 절반의 삶이다. 그것은 도수가 높은 교정 렌즈가 들어간 안경을 끼고 먼 곳을 바라보는 것과 같다. 멀리 떨어진 물체는 잘 보이지만 가까이 있는 물체는 흐리게 보인다. 물론 그 반대로 눈앞에 있는 것에만 초점을 맞추고 미래를 전혀 계획하지 않거나 자신의 행동이 가져올 결과를 고려하지 않는 것도 절반의 삶이다.

장기적인 목표라는 전체 그림에 초점을 맞추면서 지금 이 순간 일어나는 일에 주의를 기울인다는 것은 일상에서 서로 다른 리듬에 맞춰 춤을 춰야 하는 모순으로 우리를 안내한다. 이 모순은 우리에게 다음과 같은 질문을 떠올리게 한다.

- 지금 나는 무엇을 베풀 수 있는가?('언젠가 무엇을 이루고자 계획하고 있는가?' 가 아니라)
- 바로 이 순간 나는 배우고, 베풀고, 받을 어떤 기회가 있는가?('어떻게 해야 지금 일어나는 일을 활용해 앞으로 나아갈 수 있는가?' 가 아니라)
- 지금 이 순간 나는 무엇을 경험하고 음미할 수 있는가?('오늘 할 일 목록에서 얼마나 많은 전화 통화, 프로젝트 또는 업무를 완수할 수 있는가?' 가 아니라)
- 나는 어떤 사람이 되고자 하는가?('나는 무엇을 하고자 하는

가?' 가 아니라)

장기적인 목표를 위해 노력하는 동시에 현재에 충실한 것은 결코 서로가 상반되는 것이 아니다. 하나가 다른 하나를 끌어내리지 않는다. 둘은 함께 시너지 효과를 내며, 내면의 목소리를 완전하게 표현할 수 있도록 도와준다. 이 둘은 전체의 일부로 서로 조화를 이룰 때 온 마음을 다하는 마법 같은 삶을 창조해 낸다. 이는 현재에 마음을 활짝 열어 자신을 존중할수록 장기적인 목표를 달성하기가 쉬워지기 때문이다.

영성을 추구하는 두 수행자가 히말라야 꼭대기에 사는 스승을 만나기 위해 여행을 떠난 이야기를 살펴보자. 우리도 그들처럼 인생이라는 산꼭대기를 오르기 위해 여행을 떠난다고 할 수 있다.

험난한 산을 오르는 동안 두 수행자 중 한 명은 계속 가던 길을 멈춰 서서 산의 경치와 길가에 자라나는 야생화를 감상했다. 한시라도 빨리 목적지에 도착하고 싶었던 다른 한 명은 그의 행동에 짜증이 났다. 마침내 그들은 산꼭대기에 있는 스승의 암자에 도착해 스승으로부터 고언을 들을 수 있었다. 그러고 나서 두 사람은 산을 내려가야 했다.

집에 도착한 그들은 스승이 한 말을 떠올리며 이야기를 나누었

다. 산에 오르는 동안 산의 경치와 야생화를 감상했던 수행자는
스승의 소중한 가르침을 대부분 잘 기억하고 있었지만 다른 사람
은 산에 오르느라 기운을 전부 소진한 터라 그러지 못했다.

두 사람 중 누가 목표에 더 빨리 도달했다고 할 수 있을까?

모자라지도 넘치지도 않게

"스스로를 비추는 등불이 되어라"

이슬람교의 일파인 수피교의 스승 나스루딘이 상점에 들러 주인에게 가죽이 있느냐고 물었다. 주인이 "네, 있습니다"라고 대답하자 그가 "그럼 실은 있소?"라고 물었고, 주인은 역시 "있습니다"라고 했다. "그럼 염료도 있소?"라는 물음에 주인은 역시 그렇다고 했다. 그러자 그는 "그렇다면 가죽 신발을 한 켤레 만들어 보는 게 어떻소?"라고 했다.

나스루딘은 많은 스승들이 그렇듯 어리석음의 잘못을 말하지만 우리는 그 안에 담긴 진리를 떠올린다. 이 일화에서 그는 우리에게 참다운 진리를 일깨워 준다.

당신은 인생의 길을 멀리 또 넓게 걷기 위한 내면의 준비물을 이미 갖추었다. 그 준비물을 자신에게 맞게 맞추기만 하면 된다. 그 누구도 당신 대신 당신의 인생을 만들거나 창조적인 정신을 표현해 줄 수 없다.

인생에 모두에게 적용되는 공식은 존재하지 않는다. 인생은 기계적으로 작동하지도 않으며, 수동적으로 있을 수도 없다. 당신이 자신의 공식을 만들어야 한다. 그 누구에게나 해당되는 똑같은 질문과 답은 존재하지 않는다.

결국 삶은 당신에게 인생의 주인공 역할을 맡으라고 말한다. 그러나 이는 생각처럼 쉬운 일이 아니다. 그렇다 보니 방관자가 되어 다른 사람이 어떻게 행동하고, 어떻게 먹고, 어떻게 입고, 어떻게 사고, 어떻게 행복해할지 지시하도록 내버려두기 쉽다.

남에게 의존해 사는 것이 오늘날만의 딜레마는 아니다. 인류 역사를 들여다보면 언제나 그랬다. 각 시대마다 위대한 스승들이 나타났고, 그들은 현 상태에 만족하지 말라고 지적하고, 방법을 열심히 찾았다. 남이 하는 말을 맹목적으로 따르지 말고 직접 시험해 보고 자신의 인생에 응용해 보자. 삶은 당신의 실험실이다. 그 무엇도 경험을 대체할 수 없다.

부처는 죽음을 앞두고 제자들에게 말했다.

"그대 스스로를 비추는 등불이 되어라. 그대 말고 어느 누구에게서도 쉼터를 찾으려고 하지 말라."

이는 동양에만 해당되는 가르침이 아니라 보편적인 개념이다. 2세기 말에 쓰인 것으로 보이는 초기의 기독교 문서에도 이와 똑같은 의미가 들어 있다.

"네 가슴에 불을 켜라. 그 불을 꺼뜨리지 마라. 문을 두드리듯 자신을 두드리고, 똑바른 길을 가듯 자신의 위에서 걸어라. 길 위에서 걸으면 절대로 길을 잃지 않을 수 있기 때문이다."

예수는 "하느님의 나라는 너희 안에 있고 너희 밖에도 있다"라는 말로 그 답을 찾을 수 있는 메시지를 주었다. 또 다른 문서에는 "네 안에 있는 것을 이끌어 내면 네 안에 있는 것이 너를 구할 것이다"라는 예수의 말이 인용되어 있다.

마찬가지로 이슬람교 철학자인 아부 하미드 알 가잘리는 "자기 자신보다 그대에게 가까운 것은 없다. 자신을 모른다면 다른 것을 어찌 알 수 있겠는가?"라는 말로 자신의 중요성을 가르쳤다. 그리고 최근에는 간디가 간단하게 표현했다.

"이 세상에서 내가 인정하는 유일한 독재자는 내 안의 작은 목소리뿐이다."

이처럼 세계의 수많은 스승들의 가르침은 당신의 행복과 영적인 발전은 남이 당신을 위해 내리는 선택이 아니라 스스로 내리는 선택의 결과임을 확인시켜 준다.

자신에게 의지해 스스로 나아가는 것도 좋지만, 어려울 때 누군가의 도움도 필요하다고 생각할지 모른다. 멘토가 필요한 것도 그때문이 아닐까? 물론 그렇다. 여러 형태로 다가오는 멘토와 지지자 들이 필요하다. 수피 신비주의자 루미는 "안내자 없이 여행하는 사람은 이틀 걸릴 여행에 200년이 필요하다"라고 지적했다.

큰 포부를 가진 발레리나나 금융계의 인재, 초보 부모 또는 영적 수행자 모두 이전부터 그 자리에 있었던 안내자가 길을 밝혀 주어야 하고 동시에 자신을 따라야 한다.

인류의 위대한 스승들은 지혜로운 사람의 지도를 받되 그들의 역할은 단지 당신을 이끌어 베푸는 것뿐이므로, 결국은 내면의 지혜로 돌아가야 한다고 말한다. 멘토들은 당신이 마음을 들여다보고 강점을 찾고 자신만의 위대함을 추구할 수 있도록 이끌어 준다. 나스루딘 같은 스승들은 당신의 작업실에 있는 가죽과 실, 염료를 가리킨다. 무엇을 해야 하는지 알려주는 것이다. 그러나 그뿐, 가죽 신발을 만드는 일은 당신이 직접 하라고 한다. 이처럼 멘토는 출발점만 알려줄 뿐 나머지는 당신이 스스로 해야 한다.

'나는 왜 그처럼 되지 못할까'

자신의 재능을 발전시키고 이를 다른 사람들에게 베풀려면 자신의 존재를 존중하고 자신만의 목소리를 찬양해야 한다. 남에게 의존하는 것은 빌린 신발을 신고 먼 길을 걷는 것과 같다. 제 발에 맞지 않는 남의 신발을 빌려 신거나 새로 산 신발을 신고 하이킹을 해본 사람이라면 무슨 뜻인지 알 것이다. 신발이 너무 크거나 작다면 대단히 불편할 것이다. 그 상태로 오랫동안 걸으면 물집까지 생긴다. 고통 때문에 더 이상 갈 수 없다. 자신에게 맞지 않는 방식을 억지로 고집한다면 똑같은 일이 생긴다. 해결책은 하나뿐이다. 자신에게 맞는 신발을 신고 자신에게 맞는 속도로 걸으면 된다.

솔직히 나도 이를 잘 따르지 않았다. 그러자 삶은 내게 솔직하고 진정한 내가 되라는 교훈을 수차례에 걸쳐 가르쳐 주었다. 한 깨달음은 극적인 상황에서 이루어졌다.

친구 두 명과 하이킹을 떠났을 때였다. 친구들은 모두 나보다 키가 크고 걸음도 빨라 나를 앞질러 갔다. 당시 나는 신이 그들에게 가파른 길을 산양처럼 사뿐히 오를 수 있는 길고 튼튼한 다리를 주었다는 사실을 생각하지 못했다. 그 대신 그들의 속도를 따라잡을 수 없는 나 자신을 원망했다.

'나한테 문제가 있는 거야. 체력이 떨어진 게 분명해. 조금만 밀어붙이면 따라잡을 수 있을 거야.'

이렇게 생각했고 그대로 했다. 밀어붙이고 또 밀어붙였다. 그것은 어느 정도 효과가 있었지만 중간쯤 이르렀을 때 결과가 나타났다. 고관절 근육에 통증이 느껴졌다. 처음에는 견딜 수 있었지만 가파른 산을 내려가려고 할 때 한 걸음 내딛기조차 힘들 정도로 고통스러웠다. 어찌나 아픈지 배낭의 무게도 견디지 못할 정도였다. 그래서 배낭을 친구들이 대신 들어 주어야 했다. 그뿐만 아니라 배탈까지 나서 집에 도착할 때까지 내내 힘들고 아팠다.

그날 산에 오르면서 무엇을 보았고 어떤 향기를 맡았는지, 어떤 소리가 들렸는지 거의 기억나지 않는다. 극심한 통증만 기억날 뿐이다. 남을 따라가려고 안간힘 쓰다가 그 시간을 즐길 기회를 빼앗겨 버린 것이다. 하지만 그 경험은 이후 내게 소중한 교훈을 주었다.

'자신에게 맞는 속도로 걷지 않으면 결국 해를 입는다.'

그 후로 나는 나만의 방식과 속도에 나를 맞추었고, 남들과 비교하려는 유혹이 들 때마다 그때 일을 떠올린다. 가끔은 그 일을 더 빨리 떠올리지 못한 게 아쉬울 때도 있다. 그 깨달음을 좀더 빨리 챙겼다면 괴로운 시간을 좀더 줄일 수 있었을 텐데 말이다.

누구도 아닌 내 의무를 행하라

다른 사람의 신발을 신고 그의 속도로 그가 가르쳐 준 길을 걷는가? 그렇다면 당신은 진정한 자아를 존중하지 않는 것이다. 당신이 아니면 평화로워질 수 없다. 많은 이들이 부모나 배우자, 애인, 롤 모델, 상사 또는 사업 파트너의 말대로 인생을 살다가 어느 날 문득 자신이 불행하다는 사실을 깨닫는다. 그제야 힘들게 깨달음을 얻는다.

자신의 길을 걸으면서 평화로워진다는 것은 힘든 도전을 경험하지 않는다는 뜻이 아니다. 힘든 도전은 언제나 당신을 따라다닌다. 삶은 지혜롭고 까다로운 코치처럼 언제나 당신이 현재의 한계를 넘어 베풂과 받음의 능력을 키울 수 있도록 몰아붙인다. 그러나 당신이 자신만의 방식으로 인생을 살아가고 베풀 때 그 도전은 남이 아닌 당신 안에 있는 청사진의 일부가 된다.

'신의 노래'라는 뜻의 힌두교 경전 《바가바드 기타》는 현자 크리슈나와 왕자 아르주나의 대화를 엮은 것으로, 진정한 삶으로 가는 길을 알려준다. 두 사람의 대화는 전장에서 이루어진다.

아르주나 왕자와 그 형제들은 약탈자들로부터 조상의 왕국을 되찾으려고 한다. 역설적이게도 크리슈나는 전쟁에서 두 편을 모두 도와준다. 아르주나의 적들에게는 군대를 빌려주고 아르주나에게는 마부와 보호자, 조언자 역할을 자처한다.

전투가 시작되려고 할 때 아르주나는 적진을 살폈다. 적의 군대에는 자신의 친척과 오래된 친구들도 있었다. 그는 자신의 명분이 합당하다는 사실을 알면서도 자신이 해야만 하는 일을 생각하자 비탄에 빠졌다. 절망과 슬픔을 이기지 못한 그는 활을 마차에 떨어뜨렸다. 양쪽 군대 중앙에 선 크리슈나는 아르주나에게 그가 전사의 역할을 수행하기 위해 태어났음을 설명했다. 그것이 그의 소명이므로 싸워야만 한다고.

《바가바드 기타》에 나오는 전쟁은 실제 역사적인 사건이었지만, 우리 모두가 일상에서 맞닥뜨리는 전쟁을 상징하기도 한다. 우리의 내면에 존재하는 왕국을 지배하기 위해 인생의 주도권을 놓고 싸우는 전쟁, 내면의 본질에 따라 살아가기 위한 전쟁 말이다.

크리슈나는 아르주나에게 진정한 전쟁터는 마음이라고 말한다. 우리가 죽여야 하는 것은 의심과 이기적인 욕망이다. 그는 인생이라는 전쟁터에서 해야만 하는 일을 하라고 말한다. 탐욕과 증오, 이기심 또는 사적인 이익을 위한 욕망에 휘둘리지 말고 사랑을 위해 하라고 말한다. 집착과 이기심을 버리고 모두의 이익을 위해 행한다면 평화를 얻을 수 있을 것이라고 말한다.

이에 아르주나는 침울해 있는 전사들에게 명령한다.

"다른 사람의 의무가 아니라 그대의 의무를 행하라. 그것이 미천하거나 불완전한 것이라도. 다른 사람의 의무가 위대하더라도. 자신의 의무 안에서 죽는 것은 삶이고, 다른 사람의 의무 안에서 사는 것은 죽음이다."

이는 수세기가 흐른 지금까지도 모든 이들에게 분명하고 강력한 메시지다. 《바가바드 기타》는 자신의 도전 앞에서 진정한 자신이 되라는 말을 접한 수많은 이들에게 영감을 주었다. 우리는 어떻게든 크리슈나가 아르주나에게 던진 질문에 답해야만 한다.

- 나는 나의 소명을 받아들일 것인가, 아니면 쉬운 길을 택할 것인가?
- 내가 내 일을 선택하는 이유는 그것이 인정과 보상을 가져다

주기 때문인가, 아니면 태어날 때부터 내게 주어진 선물을 다른 사람들과 나누기 위해서인가?

- 의심과 두려움이 몰려올 때 투쟁에서 도망칠 것인가, 아니면 용기를 내 행동할 것인가?

무리에 못 들면 낙오자일까

진정한 자신으로 살기 위해서는 언제나 또 다른 과제가 주어진다. 무리를 따르라고, 열에서 벗어나지 말라고, 대중의 뒤를 따르라는 유형과 무형의 압박을 이겨내야만 한다. 랄프 왈도 에머슨만큼 그 명분을 열렬하게 옹호한 사람은 없을 것이다. 그는 "자신을 믿어라!"라고 외친다. 그는 "너 자신을 믿어라. 그러면 만인의 가슴은 그에 호응하여 울릴 것이다"라고 했다.

그는 군중의 의지에 굴복하는 경향을 경멸했다. "이제 우리에게는 당신의 의무가 무엇인지 당신보다 더 잘 안다고 생각하는, 군중이라는 무책임한 사람들이 꼭 있기 때문에 자신에게 솔직하기가 어렵다"라고 통탄했다. 그는 혼자 있을 때 자기 자신이 되는 것은 쉬우므로 도전이 아니라고 지적했다. 진정으로 위대한 사람은 "군중 가운데에 있으면서 더없이 온화함을 유지한다"라고 했다.

군중의 여세를 이겨내는 유일한 방법은 자신을 위해 생각하고 자신의 생각에 솔직해지는 것이다. 침입자와 맞닥뜨리거나 심지어 가족이나 친구가 그들의 믿음이나 기대에 따르기를 원할 경우에도 에머슨은 겸손하면서도 솔직하게 자신을 존중하는 진리를 지키라고 말한다.

"이후로 나는 진리의 소유물이다. 나는 당신들의 관습에서 벗어나야 한다. 나는 내 자신이 되어야만 한다. 결국 자신 이외에 그 무엇도 당신에게 평화를 가져다줄 수 없다."

우디 앨런의 영화 〈젤리그〉는 주변에서 일어나는 일에 순응하고자 하는 강력한 힘을 극단적으로 보여준다. 순응한다는 것은 동화된다는 것이다. 즉, 다른 것과 똑같은 모양을 이룬다는 뜻이다. 이 영화에서 젤리그는 그 능력이 놀라울 정도로 뛰어나다. 과체중인 이들과 있으면 그도 자동으로 과체중이 된다. 의사들과 함께 있으면 그도 의사가 된다. 그는 카멜레온처럼 간절하게 주변에 적응하려고 한다. 옆에 있는 사람들과 똑같은 부류로 변하는 것이다. 에머슨이라면 모방의 폐해를 분명하게 짚었으리라.

미디어의 영향력이 거세진 오늘날, 우리는 어떤 사람이 되어야 하고, 어떻게 행동해야 하고, 무슨 생각을 해야 하는지에 대한 수없이 많은 견해와 맞닥뜨린다. 군중은 훨씬 더 거대하고 분명하게 보인다. 그러나 군중은 당신이 당신만의 방식으로 빛날 자유가 있다는 사실을 지지하지 않는다. 당신이 어떤 존재인지도 알려 주지 않는다. 오히려 당신을 아무런 특징 없는 존재로 바꾸어 놓기 위해 온갖 술수를 쓴다. 그 전략 중 하나가 자기 자신보다 훨씬 흥미로워 보이는 외부적인 것에 집중하게 함으로써 내면의 우선순위를 생각하지 못하도록 만드는 것이다.

스타에 집중하는 사회 문화는 그 전략을 더욱 쉽게 한다. 오디션 프로그램이나 이와 비슷한 프로그램들이 인기를 끌고 있는 것만 봐도 알 수 있다. 오해하지는 말기 바란다. 자신의 꿈을 실현하고 싶어 하고, 그런 모습을 지켜보는 것은 물론 필요하다. 남의 재능을 칭찬하는 것도 좋은 일이다. 우러러볼 롤 모델이 있으면 거기에 자극을 받아 자신의 재능을 더 활짝 키울 수 있다. 그러나 다른 사람들의 영향력에 너무 집착하면 소중한 에너지와 관심을 자신에게 투자하지 못한 채 동경하는 대상에 쏟아 버리고 만다. 뿐만 아니라 다른 사람의 노래만 따라 부르므로 자신의 목소리도 낼 수 없다.

답은 그들이 아니라 내 안에 있다

우상은 가짜 신이나 맹목적으로 또는 배타적으로 좋아하는 대상을 가리킨다. 우상은 당신이 아닌 그 무엇이든 될 수 있다. 사람이든, 집단이든, 소유물이든, 또는 믿음 체계든, 당신이 자신을 행복하게 만드는 힘과 책임을 부여한 것이라면 무엇이든 가능하다. 그렇게 볼 때 우상은 즉효약 또는 마법의 주문이다.

승진할 수 있다면, 1년 내내 따뜻한 곳에서 살 수 있다면, 평화롭고 고요해질 수 있다면, 상사가 내 노고를 알아준다면, 건강 문제가 해결된다면, 멋진 남자 또는 여자가 내 앞에 나타난다면, 복권 1등에 당첨된다면……. 그러면 내 인생은 완벽해지고 꿈을 이룰 수 있을 텐데…….

당신을 이끌어 줄 거대한 힘이 나타나거나 우연히 좋은 일이 생기기만을 기다리고 있다면 당신에게 우상이 있다고 할 수 있다. 그 우상에 대한 믿음이 당신을 억누르고 있다. 그래서 선불교에서는 "진리를 자신의 바깥에서 찾으려고 하면 더더욱 멀어질 뿐이다"라고 가르친다.

자신만의 우상과 만약이라는 마법의 주문이 없는 사람은 별로 없다. 그 둘은 우리가 의식하지 못할 정도로 우리의 삶에 깊숙이 박혀 있다. 게다가 너무도 많다. 나 또한 해야 할 일을 미루면서 누군가 또는 무언가가 내가 재능을 계속 베풀도록 도와주기를 바라기도 했다. 하지만 결과적으로 그렇게 되지 않는다는 것을 배우고 깨달았다. 우리는 남이 무엇을 하든 하지 않든 상관없이 자신의 선물을 베풀 방법을 찾아야 한다. 현재의 상황이나 인간관계 안에서 자신에게 솔직해지기가 힘들다면 그 상황이나 인간관계를 바꾸어야만 할 때다. 우상이 가로챈 힘을 다시 가져올 때 당신은 자유로워질 수 있다.

● 잘못된 믿음
'나 자신이 아닌 누군가 또는 무엇인가가 나를 구해 주고 내 인생을 완벽하게 만들어 줄 수 있어.'

● 진실의 말
'우상에서 벗어나야만 내가 가진 창조적인 힘을 자유롭게 표현할 수 있어.'

우상은 어떤 형태든 위험천만한 훼방꾼이다. 우상에 초능력 같은 힘이 있다고 믿을수록 자신의 내면에 있는 위대한 힘에 대한 믿음은 줄어든다. 선불교에서는 이에 대해 이렇게 역설한다.

"길에서 부처를 만나거든 죽여라."

이 표현은 모순적이고 충격적이고 착각을 불러일으키게까지 한다. 하지만 이 말은 우상을 버리라고 말하고 있다. 우러러보거나 숭배하는 사람에게서 나온 말이라고 맹목적으로 받아들이지 마라. 특정한 사람이나 관점 또는 직관이 당신에게 최선을 가르쳐 줄 것이라는 믿음을 버려라. 자신의 바깥에 존재하는 대상에 집착함으로써 자신의 내면에 다가가지 못하는 우를 범하지 말아야 한다. 다른 사람의 제의를 존중하되 자신을 위한 진리를 찾아라. 자신을 위한 해답을 경험하라. 자신을 존중하라.

―당신은 특별하다―

자신의 목소리를 존중하라

당신에게는 다른 사람들과 함께 나누어야 할 특별한 재능, 누군가가 들어야만 하는 고유한 목소리가 있다. 다음의 질문을 통해 자신의 재능을 어떻게 생각하는지, 자신의 목소리를 존중하고 있는지 알아보자.

자신만의 고유한 재능을 제대로 알고 있는가

남을 도와줄 수 있는 어떤 특별한 특징 또는 재능을 갖고 있는가? 그것은 기쁨이나 연민 또는 인내심인가? 그렇지 않다면 사소한 일도 놓치지 않는 신중한 성격이거나 사람들을 하나로 모아 할 일을 끝마치는 능력인가? 음악가, 치유자, 교사, 요리사, 부모 또는 코치로서의 재능을 갖고 있는가? 혹시 다른 사람이 가장 뛰어난 재능을 표현하도록 지지하는 능력을 가지고 있지 않은가?

자신의 강점을 칭찬하는가

사람들은 대부분 자신의 긍정적인 부분을 칭찬하기보다는 단점에 집중하는 경향이 있다. 있는 그대로의 자신의 모습, 자신의 진정한 가치를 찾고 스스로 칭찬하고 싶다면 이렇게 해보라. 당신에게 고마워하거나 당신에 대한 사랑을 적은 카드나 이메일, 편지를 모아라. 그밖에도 당신의 강점이나 성과, 남에게 준 기쁨 등을 떠올리게 해주는 것들을 모아라. 이를 상자나 폴더에 한데 모아 놓는다. 내가 아는 한 사람은 그것을 '기분을 좋게 해주는 파일'이라고 부른다. 괴롭거나 언짢거나 미소가 사라질 때마다 그것을 꺼내어 본다. 그러면 당신이 어떤 사람인지, 얼마나 많은 이들로부터 호응과 인정을 받고 있으며, 당신이 얼마나 가치가 있는지 알게 된다.

무언가가 당신의 인생을 완벽하게 해주기를 기다리는가

누군가 또는 무언가가 나타나 요술 지팡이를 흔들어 모든 것을 완벽하게 해주기를 바라는가? 그러나 인류의 위대한 스승들은 요정이나 우상 또는 존경하는 멘토의 생각과 행동, 선택이 아닌 자신의 생각과 행동, 선택이 인생의 의미를 만든다고 가르친다.

다음 문장의 빈 칸에 들어갈 말을 떠오르는 대로 모두 종이에 적어 보자.

"만약 _________라면 앞으로 나아가고 행복해질 수 있을 텐데"라고 쓴 다음 각 문장마다 자신에게 물어보자.

'이를 위해 어떤 구체적인 단계를 취해야만 내가 바라는 변화를 만들어 낼 수 있을까?'

머릿속에 떠오르는 어떤 것이든지 답이 될 수 있다. 스스로를 제한하지 마라. 최대한 창의성을 발휘해 보라. 마음만 먹으면 자신의 인생을 얼마나 통제할 수 있는지 놀랄 것이다.

자신의 '되어야 할 것 목록'에는 무엇이 있는가

우리가 주목하는 것은 현실이 된다. 그렇기 때문에 우리는 매일 또는 매주 해야 할 일의 목록을 만든다. 그것들이 우리가 계속 '주목'할 수 있도록 도와준다. '해야 할 것'이 중요한 만큼 '되어야 할 것'도 중요하다. 어떤 사람이 되고 싶은지, 그러기 위해 어떻게 해야 하는지 알고 싶다면 '해야 할 일' 목록과 함께 '되어야 할 것' 목록을 만들어라.

나는 누구인가

당신은 할 일 목록보다 커다란 존재다. 당신은 당신 자체로 당신이 하는 말이나 당신의 직업 또는 소유한 것이나 소유하지 않은 것보다 소중한 존재다. 조용한 장소에서 시간을 내어 '할 일이 아무것도 없다면 나는 누구인가?'라는 질문에 답해 보라.

나는 충분히 아름답다

자아에서 자아로 여행하라. 그리고 금광을 발견하라.
— 젤라루딘 루미

완벽함이 나를 병들게 한다

자신의 인생을 스스로 만들어 가려면 용기와 인내심, 끈기가 절실하다. 때로는 세찬 물살을 가르며 강 너머로 걸어가는 것 같기도 하다. 한순간이라도 발에 힘을 빼면 물살에 휩쓸려 떠내려간다.

그 가차 없는 물살은 흐름에 순응하라고 압박할 수도 있고 이루고자 하는 목표에서 멀어지게 할 수도 있다. 하지만 엄청난 위험 요소는 아니다. 진짜 위험은 바로 의심이다. 의심은 당신을 강 한가운데에 멈추어 서게 한다. 의심은 세찬 물살에 발이 미끄러지게 한다. 당신은 자신에게 계속 의문을 던진다. 진정한 자기 자신이 될 수 있도록 이 세상이 도와줄지 의문을 던진다. 그 의심이 커지면 커질수록 '네게는 그럴 능력이 없어'라고 교묘하게 속삭이는 목소리도 커진다. 그에 따라 강물의 물살에 떠밀려 가고 만다.

그렇게 과거의 실수가 지금 하는 일을 포기해야 하는 증거라고 말하는 머릿속의 목소리가 휘몰아친다. 그럴수록 가슴에서 우러난 진정한 목소리를 들을 수 없다. 머릿속의 그 목소리는 너무도 친숙해 자동으로 그것을 믿어 버린다. 그것이 강을 가장 빨리 건너는 방법으로 여겨진다. 더구나 그 목소리는 오래 전부터 들어보았기에 낯설지 않다.

그러나 그 목소리는 당신을 비난하고 당신을 왜소하게 만들고 제한한다. 그 목소리는 당신의 진정한 목소리가 아니다. 그것은 당신을 마비시키려는 거짓된 자아이자, 마음속의 사기꾼이며, 파괴자다. 그 목소리는 당신이 완벽하지 못하므로 능력도 없다고 말한다. 더 많은 성과를 올리지 못했다고 당신을 비난한다.

그 목소리에 귀 기울이면 당신은 이미 이룬 것을 축하하는 것보다 이루지 못한 것에 대한 죄책감에 시달린다. 죄책감을 느끼는 게 옳다고 믿게 된다. 배움의 경험이나 깨달음을 비참한 실패와 시간 낭비라고 믿게 한다. 그 때문에 당신은 또 다시 실수하거나 실패할까봐 두려워 새로운 시도를 망설인다. 이 목소리는 '무언가를 배우는 것은 절대로 시간 낭비가 아니며, 우리는 언제나 배우고 있다’는 진리를 가려 버린다.

"한 번도 실패해 보지 않은 사람은 한 번도 새로운 시도를 해본 적이 없는 사람이다"라는 아인슈타인의 말이나 "천재는 우연히 실수하지 않는다. 발견을 위해 의도적으로 할 뿐이다"라는 제임스 조이스의 말을 들어보았을 것이다.

실수와 실패는 당장은 힘들지만 이후의 삶에 나침반 역할을 한다. 그것이 결코 하지 말아야 하거나 나쁜 것이 아님은 당신도 잘 알고 있다. 자기계발 서적이나 관련 강연 역시 그렇게 가르치지 않는가? 그럼에도 불구하고 주변 환경과 사람들에 밀려 더 딱딱하게 굳어지는 당신의 습관은 그와 정반대의 신호를 보낸다.

그런 피드백에 잠겨 있으면 자신을 비난하기에 급급해진다. 비난하는 법만 배우고 자신을 끊임없이 비난한다. 살면서 사랑하면서 배운 교훈을 다시 되새기는 것이 아니라, 자신의 무능함에 절망하기 바쁘다. 자신의 부족한 점만 열거하기에 바쁘다. 대주교 펄튼 쉰이 한 이야기에 나오는 남자와 똑같이 되고 만다.

한 남자가 머리가 아파 의사를 찾아갔다. 의사가 물었다.
"이마에 고통이 느껴집니까?"
남자가 대답했다.
"네."

“뒤통수 쪽이 욱신거리면서 아프고요?”

“네.”

“옆쪽에서도 찌르는 듯한 고통이 있습니까?”

“네!”

“아하! 후광이 너무 꽉 끼어 있군요!”

왜 만족하지 못하는 걸까

‘이 정도로는 부족해.’

이 때문에 시달리고 병들어 가고 있지는 않은지를 어떻게 알 수 있을까? 라이프 코치인 브룩 몬태그너는 그것을 진단하는 다음 방법을 제시한다.

그는 자기 발견 과정에서 스스로 충분하다고 생각되는 점과 부족하다고 생각되는 점을 떠올려 보라고 했다. 나는 종이 한 장을 두 칸으로 나눈 다음 부족한 부분부터 적기 시작했다. 그쪽이 떠올리기 훨씬 쉬웠고 순식간에 채울 수 있었다. 반면에 충분하다고 생각하는 부분은 상황이 달랐다. 몇 줄을 채우다가 이내 포기하고 말았다.

그는 내가 가져온 그 종이를 보더니 부드럽게 물었다.

"있는 모습 그대로 이미 충분한 존재라고 생각한 적이 없나요?"

솔직히 한 번도 그렇게 생각한 적이 없었다.

그녀의 말을 듣고 나는 나를 돌아보게 되었다. 내가 어떤 기준으로 부족하거나 충분하다고 판단했는지 의아해졌다.

'도대체 무엇을 위한 충분이지?'

그는 내가 쓴 부족한 것들이 실제 특성이라고 말했다. 누구나 자신은 물론 다른 사람을 거슬리게 하는 행동이나 습관을 갖고 있다. 그러나 그것은 자신이 비참할 정도로 부족하고, 가치 없고, 부족한 존재라고 할 이유는 되지 않는다.

나는 그에게 다른 사람들도 나처럼 자신의 장점을 잘 떠올리지 못하는지 물었다. 그는 대부분이 그렇다고 답했다. 그와 이야기를 나누고 얼마 후 친구들과의 저녁 모임에서 그 사실을 확인했다. 친구 중 한 명이 20대 조카가 자라면서 한 번도 자신이 충분하다고 생각한 적이 없었다고 말해 부모에게 충격을 주었다고 말했다. 당연히 부모는 그 말을 듣고 언짢아했다.

친구의 이야기를 다 듣고 나서 내가 물었다.

"너는 어렸을 때 자신에게 만족했니?"

"아니."

사실 그날 함께 저녁 식사를 한 친구들 중에서 어릴 때 자신이 한참 부족한 존재라는 생각에 고통받지 않은 사람은 단 한 명뿐이었다. 나는 이따금씩 사람들에게 그 질문을 하는데, 높은 자존감으로 그런 괴로운 감정에서 벗어난 이들은 드물었다.

청소년기는 인생에서 힘든 시기다. 자신이 부족하거나 모자란 존재라는 생각은 그 시기에 반드시 나타난다. 그런 생각은 시간이 지나면 저절로 없어지는 것도 아니다. 그런 생각은 청소년기에 이르기 훨씬 전부터 내면에 깊이 새겨지며 그 이후에도 오랫동안 지속될 수 있다. 자신이 부족한 존재라는 생각을 교묘하게 자신은 물론 남에게도 숨길 수 있다. 하지만 그런 생각은 내면 깊숙한 곳에 자리해 행동에 큰 영향을 끼칠 수 있다.

스스로 부족하고 모자란 존재라고 생각한다면 언제 스스로에게 만족할 수 있을까? 언제 자신에게 행복을 허락할 수 있을까? 언제 있는 그대로의 자신의 모습과 지금 이 순간의 삶에 만족할 수 있을까? 자꾸만 움직이고 수시로 바뀌는 완벽한 대상과 자신을 언제 비교하고, 그 때문에 자신을 비난하는 것을 멈출 수 있을까?

이런 생각과 강박관념의 뿌리에는 오해가 숨어 있다. 대부분의 사람들은 모든 행동이 완벽함이라는 엄격한 기준에 부합해야만 한다는 잘못된 믿음을 갖고 있다. 하지만 위대한 스승들은 모두 외부의 완벽보다는 내면에 충실하라고 말한다.

그들은 '삶은 완성형이 아닌 진행형'이라고 말한다. 당신은 신체적, 정신적, 정서적, 영적인 면에서 끊임없이 성장하고 이전의 수준을 뛰어넘어야 한다. 인생이라는 수업을 듣는 학생인 당신이 수동적으로 남기보다 적극적으로 좀더 나아지기 위해서 손을 뻗을 때 인생이라는 과정을 최대한 행복하고 풍부하게 즐기고 누릴 수 있다.

인류의 위대한 스승들은 결코 이룰 수 없는 기계적인 완벽함을 목표로 삼으며 살아가서는 안 된다고 강조하고, 진정한 자신을 발견해 매일 마음을 열고 자신의 재능을 베푸는 능력을 키우는 것이 목표가 되어야 한다고 말한다.

누구나 진정한 자아를 표현하고 자신의 재능을 완전히 나누고 싶어 한다. 타고르는 이렇게 말했다.

"자아의 완벽한 표현에 대한 갈망은 육체적인 영양분을 갈구하는 굶주림과 목마름, 부와 지위에 대한 갈망보다 더욱 깊숙이 인간에 내재한다."

토머스 머튼 역시 기독교의 관점에서 똑같은 진리로 우리를 이끈다.

"내게 성인이 된다는 것은 나 자신이 된다는 것을 의미한다. 우리는 진실할지 진실하지 않을지 선택할 수 있는 자유가 있다. 진실과 거짓 중에서 선택하는 것은 우리의 몫이다."

우리는 그 선택을 한 번만 하는 것이 아니다. 매일, 때로는 하루에도 여러 번 한다. 일상적인 활동을 할 때도 내면에서 진정한 자

아가 표현되도록 할 수 있다. 또는 그 반대로 자신을 위한 것처럼
보이지만 실제로는 부족한 존재라는 생각만 강하게 하는, 두려움
과 비난으로 가득한 목소리에 이끌릴 수도 있다.

"나는 지금도 배우는 중이다"

　진정한 자아가 아닌 거짓된 자아라는 판단 잣대만 계속 선택한
다면 완벽이라는 잡히지 않는 목표만 좇게 된다. 그럴수록 결코
행복해질 수도 평온해질 수도 없다. 그렇게 스트레스만 넘치는 삶
을 해결하는 방법은 모순의 두 가지 면을 모두 받아들이는 것이
다. 완벽한 인간이 아니어도 행복해지거나 사랑받을 가치가 있고,
성장과 개선의 여지가 언제나 있다는 사실을 깨달아야 한다. 당신
은 있는 그대로 충분히 만족스러운 존재이며, 언제나 보다 나은
사람으로 발전하고 있다.
　마음속에서 비판의 목소리가 새어나오거든 용기 있게 말하라.
　"나는 완벽한 인간이 아니야. 세상에 완벽한 인간이 어디 있어?
완벽함은 중요하지 않아. 진정한 나, 가장 위대한 내가 되는 게 중
요해. 오늘 나는 오늘의 나를 디딤돌 삼아 내일의 더 나은 내가 되
기 위해 최선을 다할 거야. 나는 나를 옹호할 거야."

어떻게 해야 자신을 옹호할 수 있을까? 실수할 때마다 실패라고 여기지 말고, 거기에서 교훈을 얻을 권리가 있다고 단언할 때, 그렇게 할 수 있다. 일이 잘못 될 때마다 자신을 원망하지 않기로 약속할 때, 그렇게 할 수 있다. 또한 긍정적이고 자신을 격려해 주는 사람들과 함께하기로 선택할 때, 그럴 수 있다. 또한 모든 사람들이 그런 것처럼 자신도 계속 발전하고 있다는 사실을 인정할 때, 그렇게 할 수 있다.

고흐는 젊었을 때 멘토였던 모브가 언짢아할 적마다 자신이 아직 완성되지 않은 작품이라는 사실로 자신을 방어했다. 그는 동생에게 쓴 편지에서 이렇게 말했다.

"그는 내가 '나는 예술가다' 라고 말할 때마다 잘못 해석한다. 이 말은 끝내 완전한 것을 발견하지 못할지라도 항상 찾고 있다는 의미를 함축하고 있다. '나는 이미 그것을 안다. 나는 이미 그것을 발견했다' 는 의미와는 정반대다. 내가 아는 한 그 말은 '나는 그것을 찾고 있다. 그것을 찾기 위해 깊이 관여하고 있다' 라는 뜻이다."

이것은 실로 새로운 관점이다. 자신이 선택한 길을 추구하기 위해서는 완벽하지 않아도 된다는 사실을 강조해 준다. 현재 자신의 모습과 베풂은 언제나 발전하고 있다는 사실을 깨닫고 이를 습관들이는 것은 매우 중요하다. 그 과정에 있는 자신을 비난한다면 역효과만 낳을 뿐이다. 당신은 언제나 그 과정에 놓여 있을 것이다. 당신 자체가 과정이다.

우리는 모두가 각자의 인생을 만들어 가는 예술가다. 칠하고 다시 칠하고 때로는 새로운 캔버스부터 다시 시작하기도 한다. 바로 이 순간 창조하고자 하는 것에 적합한 수단과 기법, 색채를 찾는다. 세상에 태어난 순간부터 당신은 자신만의 걸작을 만들어 간다. 당신은 언제나 자신의 기술을 개선하고 있다. 새내기 예술가가 처음부터 명작 예술가가 아니듯, 당신도 성숙한 어른의 기술을 전부 가지고 태어나지 않는다.

유아는 혼자 힘으로 서는 법을 배울 때까지 수백 번 비틀거리고 엉덩방아를 찧으며 넘어진다. 이런 모습을 보고 실수라고 부르는가? 불굴의 정신으로 도전하는 그 모습에 부모는 아이의 행동이 서툴다고 말하는가? 그렇지 않다. 그렇다면 당신도 인생의 기술을 터득하는 과정에서 자신에게 실망할 필요는 없지 않을까? 좀더 능숙하게 인생의 기술을 익히고, 마음을 열고, 재능을 베풀고, 다른 사람이 주는 선물을 받는 법을 배우는 중이다. 그렇다면 자신을 비판할 이유가 있을까?

똑똑한 사람들도 평생 동안 배우면서 살아간다. 한 기자가 발명왕 에디슨에게 전구를 발명하기까지 수없이 실패한 일에 대한 소감을 물었다. 에디슨의 대답은 그가 성공할 수밖에 없었던 이유를 잘 보여준다.

"나는 실패한 것이 아니라 전구를 만들 수 없는 방법을 수없이 발견한 것이다."

억만장자 하워드 휴즈는 배움의 과정을 축복하는 또 다른 좋은 보기다. 그는 막대한 자금을 들여 〈지옥의 천사들〉이라는 영화를 만들고 나중에 다시 촬영했다. 이 영화는 공군에 입대해 제1차 세계대전 당시 위험천만한 임무에 지원한 두 형제의 이야기로, 당시 만든 영화들 중 가장 많은 제작비가 투입되었다. 그는 같은 장면을 찍고 또 찍으면서 조금이라도 더 나은 영화를 만들고자 했다. 그는 그것이 배움의 경험이라고 생각했다. 사람들이 영화 한 편에 막대한 재산을 쏟아부을 가치가 있는지 물을 때마다 그는 이렇게 대답했다.

"그들은 시간 낭비라고 생각하겠지만 나는 영화 제작에 관한 많은 것을 배우고 있다."

그 영화는 공전의 히트를 기록했고, 아카데미 촬영상 후보에도 올랐다. 그는 그 후 몇 편의 영화를 더 만들었다. 그중에는 망한 작품도 있지만 고전으로 자리매김한 것도 있다.

"나는 많은 것을 배우고 있다."

비난의 목소리가 당신의 진정한 목소리를 가리려고 할 때마다 이 말을 떠올려라.

"나는 내 자신에 대해 많은 것을 배우고 있는 중이다."

그러니까 당신도 꽃다운 존재야

스스로 부족한 존재라는 생각이 어디에서 비롯되어 어떻게 내면에 단단히 들러붙었는지 말한다면 책 한 권으로도 부족할 것이다. 원죄가 어떻게 해서 등장했는지부터 수많은 매체와 사람들이 언급하는 성공 스토리가 어떻게 당신을 흔들어 놓는지까지 살펴보아야 할 것이다.

그보다는 부정적인 목소리를 무찌르고 진실을 옹호하기 위한 전략에 초점을 맞추어야 한다. 이 전략은 당신은 이미 훌륭한 존재이며, 지금 당신은 더 훌륭한 존재가 되기 위한 과정에 놓여 있다는 위대한 스승들의 가르침을 되새기는 것부터 시작된다.

● 잘못된 믿음
‘나는 부족해.’

● 진실의 말
‘나는 이미 훌륭한 존재이고, 지금 나는 더 훌륭한 존재가 되기 위한 과정에 놓여 있다.’

이 진리에는 놀라운 힘이 들어 있고, 세계의 모든 전통에 새겨져 있다. 그 전통의 창시자들과 신비주의자들의 가르침을 들여다보면 그들이 우리의 약점이 아닌 내면의 본질을 강조하고 있음을 알 수 있다. 그렇다. 그들은 법칙에 따르는 것이 아니라 자신을 존중하고 내면에 잠재한 엄청난 힘을 깨우고 표현하는 것이 더 중요하다고 말한다.

나는 초기 기독교 문서인 《진리 복음서》에 나오는 시적인 표현을 좋아한다.

“그렇다면 마음으로부터 말하라. 네가 완벽한 하루이며, 네 안에 실패하지 않는 빛이 살고 있음을.”

인류의 위대한 스승들은 자신의 진정한 힘과 이어지는 과정을 깨달음이라고 표현한다.

"꿈에서 깨어나, 자신이 생각하는 또는 남이 말한 자신의 모습이라는 환상에서 깨어나, 있는 그대로의 자신을 보라."

"외부의 함정에서 벗어나 내면의 본질을 찾아라."

신비주의자들은 그들이 속한 시대와 문화에 따라 인간의 본질을 다양한 관점으로 묘사한다. 기독교 신비주의자들은 내면의 인간과 내면의 예수 그리스도에 대해 이야기하고, 퀘이커 교도들은 내면의 빛에 대해 이야기한다. 또한 힌두교에서는 내면의 본질을 가리켜 아트만이라고 하고, 도교에서는 도(道)라고 이르며, 불교에서는 부처라고 한다. 그밖에도 신성한 광채, 진정한 자아, 상위의 자아라고도 하며, 단순히 자아라고도 부른다.

어떤 용어를 사용하더라도 그들은 진정한 자아가 신과 함께 있다고 말한다. 진정한 자아는 술래잡기를 하는 것처럼 그 존재를 잊고 있지만 언제 어디서나 당신과 함께 있다. 한 예로 어느 불교 경전에서는 "모든 생명체는 부처의 본질을 부여받는다"라고 설명하며, 불교에서는 다른 세계의 전통과 마찬가지로 그 본질을 황금에 비유한다.

황금은 본질적으로 파괴할 수 없다. 불순물로 가득한 공간에 넣어 몇백 년을 두어도 똑같은 상태로 남아 있다. 우리의 본질도 황금과 같다. 삶의 오물에 뒤덮여도 소중하고 순수하고 파괴할 수 없는 상태로 남는다.

기독교 사상가인 알렉산드리아의 오리겐의 말에서도 같은 내용이 나타난다. 그는 우리 안에 있는 신성한 씨앗은 "무언가에 뒤덮이거나 가려질 수는 있지만 결코 파괴되거나 소멸될 수 없으며, 언제나 빛나고 불타오르며, 쉬지 않고 신을 향해 기울어진다"라고 말했다.

위대한 스승들은 끊임없이 내면의 황금 같은 본질로 우리의 관심을 돌리지만 그들은 현실주의자이기도 하다. 그들은 오랫동안 걸어온 길을 떠나거나 삶의 난관에서 투쟁할 때 우리의 본질이 더 렵혀진다는 사실을 부정하지 않는다. 삶의 먹구름 아래에 서 있다가 흠뻑 비를 맞기도 한다. 그들은 그 사실을 삶의 일부분으로 받아들이라고, 내면이 단단한 황금으로 만들어졌다는 사실만은 잊지 말라고 말한다.

안타깝게도 수 세기를 거치는 동안 그 보편적인 진리는 우리의 시야에서 사라지고 말았다. 열광적인 신봉자들 중에는 위대한 스승이 남겨 준 순수한 가르침에서 벗어난 이들도 있다. 그들은 표면에 드러난 진흙에 초점을 맞추는 바람에 그들도, 우리도 내면에 신성한 광채, 황금이 자리한다는 사실을 잊어버리고 말았다. 그

찬란한 불빛은 일상을 살아가는 동안에도 계속 빛나야만 한다. 존중해야 할 것은 바로 그 불빛이다.

자신을 존중하는 것은 진정한 자아를 존중한다는 뜻이다. 당신의 진정한 자아를 존중할 때 당신은 자신의 본질을 표현할 수 있다. 그리고 당신의 진정한 자아를 존중할 때 당신은 내면에 불을 지필 수 있다. 그 불이 밝게 타오를수록 다른 사람을 따뜻하게 해줄 수 있고 그들의 앞길을 밝게 비춰 줄 수 있다. 그때 그들 역시 당신 안에 있는 빛을 발견하도록 당신을 도와줄 수 있다.

비난은 내부에서나 외부에서나 쉽게 나올 수 있다. 그러므로 힘들더라도 빛을 가리며 지나가는 한때의 먹구름에 절망하지 말고, 언젠가는 찬란하게 빛날 태양, 즉 내면의 태양에 초점을 맞추어야 한다.

어느 날 저녁, 나는 곰곰이 생각에 잠겨 있다가 사소하지만 효과적인 전략을 발견했다. 그때 나는 직장에서 생긴 문제로 내 자신을 탓하고 있었다. 당시 내가 처한 상황도 가망이 없었지만 내 자신 역시 형편없다고 자책했다. 모든 것이 내 잘못이었다. 그렇게 고통스러운 상황을 자초하다니……. 무엇이 어디서부터 잘못된 걸까?

해질 무렵 혼자 산책을 하러 갔다. 언제나 그렇듯 자연이 내게 마법과 같은 힘을 발휘했고, 나는 이렇게 생각하지 않을 수 없었다.

'신이 만드는 모든 것은 정말로 아름답구나!'

바로 그때 마치 메아리처럼 내 마음속에서 소리가 들려왔다.

'그러니까 너도 아름다운 존재인 거야.'

어둠 속에서 밝은 빛이 켜진 듯했다. 절망적인 상황이었지만 내 마음속에서 어렴풋이 찬란한 빛이 보인 듯했다. 그 작은 진리를 발견하자 나아갈 힘이 생겼다. 비록 이리 넘어지고 저리 넘어지더라도 내가 잘못되었기 때문이 아님을 알게 되었다. 내 자신을 비난하는 것이 나는 물론 다른 사람들에게 조금도 도움이 되지 않는다는 사실도 깨달았다. 앞으로 상황이 나아질 것이라는 희망과 함께 내가 생각보다 훌륭한 존재라는 사실을 깨달았다.

"자네가 아니면 누가 하겠나"

누구나 자신의 내면에 위대한 힘이 존재한다는 사실을 알고 있다. 자신의 삶에서 당당히 주인공이 되어야 한다는 사실도 알고 있다. 그러면서도 여전히 주인공으로 무대에 서지 못하는 자신을 발견하곤 한다. 당신은 자신이 아닌 남을 챙기느라 바빠 진정한 자아나 자신의 위대함을 표현할 기회가 없다. 그러면서도 남들에게 베푸는 기쁨에 충만하다고 자위한다. 하지만 그것은 자신이 가진 위대함에서 회피하려는 것에 불과하다. 왜 남들을 챙기기에 바빠 자신의 내면에 있는 위대함을 깨닫지 못하는가? 왜 그 위대함에서 조금이라도 더 멀리 있으려고 하는가?

20세기의 저명한 심리학자인 아브라함 매슬로우에 따르면 수많은 사람들이 그렇다. 그는 위대함에서 조금이라도 더 멀어지려는 충동을 요나 콤플렉스라고 부른다. 이는 하느님의 명령을 거스른, 구약성서에 나오는 요나의 이름을 딴 것이다. 요나의 이야기는 이렇다.

하느님은 이스라엘 사람 요나에게 니느웨로 가, 그 도시가 죄악으로 가득 찼으므로 하느님의 심판을 받을 것임을 예언하라는 명령을 내린다. 그러나 그는 그 명령을 따르고 싶지 않았다. 니느웨 사람들은 이스라엘 사람들의 적이었기 때문이다. 누군들 적을 돕고 싶겠는가.

그래서 그는 하느님의 명령을 거역하고 니느웨와 반대 방향으로 가는 배를 탔다가 폭풍을 만난다. 선원들은 바다의 노여움을 진정시키기 위해 그를 바다에 던져 버렸고, 그는 고래 뱃속에 갇힌다. 그가 고래 뱃속에서 회개와 구원의 기도를 올리자 고래가 그를 땅으로 뱉어낸다. 그제야 그는 자신의 운명에서 도망칠 수 없음을 깨닫는다.

하느님은 그에게 다시 니느웨로 가라고 했고, 그는 하느님의 명령에 따라 40일 후 니느웨가 파괴될 것이라고 예언한다. 왕을 비롯한 그곳 사람들은 모두 요나의 예언을 진심으로 받아들인다. 그들은 단식을 통해 하느님에게 자신들의 난폭함과 폭력을 회개한다. 결과적으로 요나가 처음에 우려했던 대로 니느웨는 구원을 받는다.

요나의 이야기에는 우리의 삶이 그렇듯 몇 가지 모순이 자리한다. 첫째, 하느님은 요나에게 적을 구하라고 명령한다. 둘째, 하느님은 요나가 생각하는 신의 모습과 조금도 들어맞지 않는다. 지금과 마찬가지로 당시에도 어떤 이들은 하느님이 거대한 망치로 적을 사정없이 두들기는 심판자라고 생각했다. 그러나 요나의 이야기에서 하느님은 누가 구원받아야 하고 구원받지 않아야 하는지를 판단할 때 비난을 앞세우는 심판자가 아니라 부드럽고 연민이 가득한 모습이다. 마지막으로 요나는 중대한 임무를 맡은 위대한 예언자이자 현실에 집착하는 반항적인 도망자라는 두 가지 역할을 모두 수행한다.

반항적인 도망자 역할을 한다는 점에서 많은 이들이 요나와 비슷하다. 우리도 요나처럼 인생의 진정한 사명, 삶의 과업에서 벗어나고자 하는 충동을 느낀다. 자신의 위대한 잠재력을 감지하면서도 엄청난 기대에 부합할 수 있을지 의구심을 느낀다. 그러고는 쉬지 않고 자신의 단점을 세기 시작한다. 기대를 충족시키지 못할까봐 불안해한다.

요나 콤플렉스는 알아채기 어렵지 않다. 매슬로우는 학생들에게 위대한 소설을 쓰고 싶거나, 위대한 작곡가가 되고 싶거나, 심지어 대통령이 꿈인지 물을 때마다 요나 콤플렉스를 감지할 수 있었다. 그때마다 학생들이 웃음을 터뜨리거나 얼굴을 붉히거나 우물쭈물하면 그는 "자네들이 아니라면 누가 그걸 하겠나?"라고 반응했다.

그는 다음과 같은 이야기를 통해 학생들이 더욱 커다란 야망을 추구할 수 있도록 장려했다. 이는 이 책의 의도와 들어맞는다.

"당신은 벙어리가 되고자 훈련받고 있는가? 나태한 심리학자가 되고자 훈련받고 있는가? 그 이점은 무엇인가? 그것은 자아실현의 좋은 방법이 아니다. 당신은 일류 심리학자가 되고자 해야 한다. 자신이 할 수 있는 최선이 되는 것이다. 당신이 고의로 자신의 능력보다 못한 사람이 되려는 계획을 세운다면 평생 불행해질 수밖에 없을 것이다."

자신의 위대한 잠재력을 펼치지 못할까봐 두려움에 사로잡힌다면 당신은 다음과 같이 된다.

- 자신의 재능을 나눌 수 있는 좋은 방법이 있어도 망상에 불과한 꿈이라고 생각한다.
- '감히 내가 어떻게?' 라고 생각해 정반대 방향으로 흘러간다.
- 다른 사람 앞에서 자신을 깎아 내리거나 자신의 기대치를 낮게 정한다.
- 두려움과 맞닥뜨리거나 위험을 무릅쓰거나 실망할 일이 없도록 약하거나 무능한 척한다.
- 인생의 무대에 주인공으로 나서지 않아도 되도록 자신의 할 일을 회피하려고만 한다.

당신은 무대 공포증 때문에, 다른 사람을 보살펴야 하는 의무로 바쁘게 시간을 채우는 나머지 정작 자신의 황금 광산에 쏟아부을 시간과 힘은 없어질 것이다. 자신의 인생에 주어진 임무를 회피하려고 다른 사람의 투쟁을 대신하거나 다른 사람의 명분을 지지할 것이다. 그러나 그런 방법은 결코 먹히지 않는다. 아무리 고귀한 임무라도 당신 것이 아니라면 당신의 소중한 에너지만 분산시킬 뿐이다. 자신의 불빛을 가장 밝게 빛내지 못한다면 결코 행복할 수 없고, 오히려 점점 더 공허해질 뿐이다.

당신은 두려움에 사로잡혀 자신의 위대함을 펼치지 못하고 있지는 않은가? 자신의 재능을 베풀지 않아도 된다며 자신을 비하하는가? 완벽하게 해낼 수 없을까봐 어떤 일을 시작할 희망조차 품지 못하는가? 그렇게 위대한 사람이 될 수 있는 가능성에서 서둘러 도망치고 있는가?

《바가바드 기타》의 내용을 다시 한 번 짚어 보자. 크리슈나는 전쟁터에서 아르주나 왕자에게 이렇게 말한다.

"행동은 행동하지 않음보다 위대하다. 그대의 삶에 주어진 임무를 수행하라. 비록 완벽하게 끝마치지 못하더라도 자신이 해야 할 일을 내버려서는 안 된다. 불이 연기에 휩싸여 있듯이 모든 일은 다 결함에 싸여 있기 때문이다."

이 모든 것은 삶의 가장 숭고한 모순을 가리킨다. 당신은 연약한 동시에 강인한 존재다. 당신에게는 인간적인 한계와 초인적인 잠재력이 있다. 당신은 인간적인 동시에 신성한 존재다. 그러기에 당신은 겸손과 심오한 자기 존중, 자신의 재능에 자부심을 가져야만 한다.

당신에게 가장 현명하고 용기 있는 선택은 현재 자신의 한계를 인정하는 동시에 위대함을 찬양하는 것이다. 약점은 누구에게나 있고, 때로는 자신을 의심하고 자신의 가치가 형편없다고 생각하기도 할 것이다. 그런 감정을 애써 감추지 말고 당당하게 인정하라. 그러는 편이 오히려 유익하다.

의심은 불쑥 생겼다가도 지나간다. 다만 그것이 당신을 무력하게 하도록 내버려 두어서는 안 된다. 대신 모순을 기꺼이 받아들이고 함께 나아가라.

나를 기다리는 사람들

마지막 두 장에서는 자신의 목소리를 표현하거나 재능을 베풀지 못하도록 방해하는 몇 가지 잘못된 믿음과 방해물을 언급했다. 여기에서 당신이 관심을 기울여야 할 것이 하나 더 있다. 당신이 모르는 사이에 당신의 마음속을 떠도는 장애물이다. 당신이 자신을 존중하지 못하거나 재능을 베풀지 못하는 이유는 남이 오해하거나, 거절하거나, 비난할까봐 두려워서다.

현재에 순응하지 않거나 어떤 분야에서든지 개인적으로나 직업적으로 도전장을 내미는 사람들은 한 번쯤은 오해를 산 경험이 있을 것이다. 에머슨은 이렇게 말했다.

"피타고라스도 오해받았다. 소크라테스, 예수, 루터, 코페르니쿠스, 갈릴레오, 뉴턴을 비롯해 모든 순수하고 현명한 영혼들은 오해받았다. 위대한 것은 오해받게 되어 있다."

형식적인 틀에서 벗어나 진정한 목소리를 내려고 할 때는 내면으로 불을 끌어들이는 것이나 마찬가지다. 그것은 당연한 일이다. 그 불은 중요한 목적을 수행한다. 그 불은 당신이 옳다고 생각되는 일을 할 때 내면의 불을 불러일으키게 만든다.

외부의 저항이 내면에 돌파구를 만들기에 적합한 조건을 만든다는 사실을 보여주는 일화는 의외로 많다. 다음 이야기는 당신이 새로운 수준으로 올라가려면 도전이 필요하다는 사실을 일깨워준다. 이 이야기는 키아누 리브스가 주연을 맡은 영화 〈리틀 붓다〉에도 나오는 장면이기도 하다.

앞에서 소개하기도 했지만, 고타마 싯다르타는 왕좌와 가족을 뒤로 하고 깨달음을 얻기 위해 떠났다. 엄격한 금욕 생활이 깨달음의 목표에 이르게 해주리라는 믿음으로 몇 년 동안 그렇게 생활했다. 하지만 몸이 약해질 대로 약해져 아사 직전에 이르렀다. 다행히 젊은 처자가 그를 발견하고 우유로 만든 죽 한 사발을 준 덕분에 기력을 회복할 수 있었다. 그 죽 한 그릇에 힘을 얻은 그는 나무 아래에서 명상을 했고 깨달음에 이를 수 있었다.

그가 나무 아래에 앉은 순간부터 끊임없는 시련과 도전의 연속이었다. 악마인 마라가 그를 나무 아래에서 일어나게 하기 위해 온갖 유혹으로 방해했다. 황야의 예수나 여러 성인이 기도하거나 명상하거나 잠을 자려고 할 때 조롱당하고 비난당한 것과 마찬가지였다.

마라는 딸들을 보내 그를 유혹하라고 했다. 그리고 무시무시한 악귀와 폭풍, 공격으로 겁을 주어 방해 공작을 펼친다. 마라는 고타마가 깨달음에 도달할 가치가 있다는 사실에 도전을 내민 것이다. 실제로 마라는 뻔뻔하게도 고타마가 아닌 자신이 깨달음을 얻어야 한다고 주장한다. 그러나 고타마는 미동도 하지 않고 그대로 있었다. 마침내 고타마는 오른손을 땅에 대면서 자신이 깨달음에 도달할 가치가 있음을 증명하려고 했다. 그에 대한 답으로 땅이 천둥 같은 소리를 내면서 "내가 증인이오!"라고 했고, 마라는 꽁무니를 빼면서 도망쳤다.

고타마는 홀로 심오한 명상을 하면서 밤을 보낸 후 마침내 깨달음의 목표를 이루었다. '깨달음을 얻은 자'라는 뜻의 '붓다'가 된 것이다. 현실의 본성과 자신의 내면적인 본성을 깨우친 자가 된 것이다. 부처는 모든 인간의 내면에는 파괴될 수 없는 황금과 같은 본질이 있다는 진리를 직접 깨달았다. 그러나 마라는 여전히 고타마를 방해하려고 했다. 마지막 술수를 계획하고 있었다. 마라는 고타마에게 "세상으로 돌아가려고 하지 마라. 아무도 당신의 가르침이나 경험을 이해하지 못할 테니까. 속세를 떠나 영원히 열반에 들어가는 게 어떻겠는가?"라고 했다.

이는 분명히 힘든 시험이었다. 누구나 인간의 조건, 그 보잘것없음과 예측 불가능한 시련에서 영원히 자유로워지고 싶지 않겠는가. 분명히 부처의 머릿속에는 '마라의 말이 맞지 않을까? 나의 놀라운 경험을 과연 말로 옮길 수 있을까? 사람들이 과연 내 말을 이해할 수 있을까?'라는 생각이 스쳐 지나갔을 것이다.

그러나 부처는 나무 아래에서 일어나 고통의 이치와 고통에서 벗어나는 법에 대한 가르침을 전해 주지 않는다면 현재는 물론 앞으로도 모든 이들이 무지로 고통받으리라 생각했다.

비록 한두 명밖에 돕지 못한다 하더라도 자신의 통찰력을 베풀어야만 한다는 사실을 그는 알았다. 그래서 그는 마라에게 우리가 우리를 무력하게 하는 모든 유혹과 고난을 마주했을 때 해야만 하는 대답을 했다.

"이해하는 사람도 있을 것이다."

그러자 마라가 사라졌다.

흔히 역사적으로 위대한 인물이나 현재 자신의 분야에서 뛰어난 활약을 보이는 사람들은 우리와 달리 고난을 겪지 않았으리라 생각한다. 결코 그렇지 않다. 그들도 당신과 똑같은 의심과 두려움을 겪었다. 그럼에도 불구하고 앞으로 나아가고 자신이 가진 재능을 세상에 베푼 것이다. 그들도 의심과 비판의 목소리를 들었지만 자신의 진정한 목소리를 따르기로 결정했다. 자신을 존중하는 쪽을 선택한 것이다.

당신도 가정이나 직장, 공동체 안에서 자신의 재능을 베풀 방법을 고민할 때 비웃음이나 유혹의 목소리를 들었을 것이다. 그래서 결국에는 '방해물이 너무도 많아', '그러기는 너무 힘들어', '내게는 그럴 만한 가치가 없어', '가족과 친구들이 이해하지 못할 거야', '내 노력을 아무도 인정해 주지 않을 거야', '어느 누가 내 생각에 관심을 기울이겠어' 라고 생각했을 것이다. 앞으로 또 그런 생각이 든다면 '누군가는 이해할 거야. 그러니 나는 내 재능을 계속 나누어줄 거야' 라고 반응하자.

- **잘못된 믿음**

  '내 말이나 행동을 아무도 이해하지 못할 텐데 뭐 하러 애써야 해?'

- **진실의 말**

  '누군가는 내 말과 내가 그들과 함께 하려는 가치를 이해할 테니까 내 재능을 그들에게 나누어 주어야 해.'

인생을 최대한 활용하려면 자신의 재능을 베풀고자 하는 사람들이 맞닥뜨린 질문과 똑같이 대면해야만 한다.

- 나는 누군가?
- 나를 목표에서 멀어지도록 하는 그 무엇인가를 계속 내버려 둘 것인가?
- 나는 내 마음이 시키는 일을 하기에는 재능이 부족하고, 체계적이지 못하고, 완벽하지 않고, 약하고, 아름답지 않고, 금전적으로 부유하지 않고, 의사 표현을 분명히 하지 못한다고 수긍할 것인가?
- 아니면 완벽하지 않아도 내게 주어진 소명을 추구할 수 있다

는 뜻을 굽히지 않을 것인가?

- 비판하거나 냉소적인 사람들과 맞닥뜨릴 때 내 마음을 들여다보고 계속 앞으로 나아가면서 나의 재능을 베풀 것인가?

유대교의 분파인 하시드에는 고난과 그것을 이겨내는 방법을 요약한 말이 있다.

"인간은 언제나 고난 없는 길을 걸어야 하는가? 스승들은 그렇지 않다고 말한다. 고난이 의무가 되는 순간이 있다. 마음에 악함이 다가오면 그 귀에 대고 이렇게 속삭여라. 너는 법을 실현할 가치가 없다. 내게 가치가 있다."

─내 안의 위대함을 존중하라─

나를 돋보이게 하는 습관들

수피 시인 루미는 "내면의 여정은 루비 광산에 들어가 자신만의 광채에 몸을 담그는 것이다"라고 했다. 누구나 내면에 위대한 힘이 있다. 인생의 폭풍우가 몰아쳐 당신의 위대함이 잠시 가려질 때도 그 힘을 축복하는 것이 당신의 인생에 주어진 도전이다.

그렇다면 어떤 상황에서도 자신의 내면에 있는 위대한 힘을 존중하고 자신을 옹호할 수 있는 방법은 없을까? 다음에 소개하는 일곱 가지 전략이 그 힘을 찾도록 도와줄 것이다.

자신에게 러브레터를 써라

당신이 자신의 가장 열렬한 지지자라고 생각하라. 자신을 응원하고 격려해 주는 편지를 써라. 그리고 봉투에 넣어 자신에게 보내라. 여행 중일 때 응원 메시지를 적어 집 주소로 보내라. 또는 다음 날 아침에 볼 수 있도록 밤에 이메일로 자신에게 감사의 편지를 보내라. 항상 자신의 위대한 점을 칭찬하는 습관을 들여라.

자신만의 화면 보호기를 만들어라

이는 컴퓨터의 화면 보호기를 활용할 수 있는 방법이다. 내면의 부정적이거나 회의적인 목소리에 대응하는 이미지나 문구를 화면 보호기로 설정해 놓는다. 당신이 현재 초점을 맞추고 있는 부분을 구체적으로 드러내 줄 수 있는 것이라야 한다. "나는 행복하고 건강해질 권리가 있으므로 나는 자신을 잘 보살필 것이다" 또는 "나는 중요한 할 말이 있고 그 말을 자신감 있고 편안하게 말한다" 같은, 자신을 상기시켜줄 수 있는 것이면 무엇이든 좋다. 또는 "나는 매일 나를 존중한다"라는 글도 좋다. 빈 칸에는 지금 당신에게 가장 중요한 것이 들어가야 한다.

어린 시절의 사진을 곁에 두어라

순수한 기쁨과 즐거움, 호기심, 삶에 대한 사랑을 보여주는 어린 시절의 사진을 한 장 골라 곁에 둔다. 예쁜 액자를 사서 끼우거나 자주 볼 수 있는 곳에 놓는다. 사진을 볼 때마다 마음이 열리면서 당신의 소중한 부분이 진정한 자아를 떠올리게 해줄 것이다.

있는 그대로의 내 모습을 지지해 주는 이들과 어울려라

이것은 언제나 진리다. 당신의 재능을 인정하지 않는 사람들에게 정신적인 압박을 느끼고 부대끼면 소중한 에너지와 열정을 빼앗

길 뿐이다. 당신은 누군가에게 당신을 증명하거나 당신의 꿈과 계획을 정당화할 필요가 없다. 진정한 자신이 되어야 한다.

자신만의 와이퍼를 활용하라

궂은 날씨에는 운전할 때 반드시 와이퍼를 사용한다. 일상생활에서도 당신은 거친 빗방울이나 진흙처럼 당신의 시야를 흐리고 앞으로 나아가지 못하게 하는 절망과 비난, 자기 의심을 씻어 줄 와이퍼가 필요하다. 당신의 삶에 세차게 쏟아지는 빗방울을 아예 멈출 수는 없지만 와이퍼로 씻어 낼 수는 있다. 당신이 실망스럽거나 다른 사람이 당신의 본질을 존중하지 않을 때 무엇이 앞을 똑바로 볼 수 있도록 도와주는가? 혼자만의 시간이 필요한가? 기도나 명상, 일기 쓰기, 운동, 자연을 벗 삼아 하는 산책, 영화 감상, 이해해 주는 친구와의 대화, 마사지나 상담 등 당신에게 효과적인 방법을 목록으로 작성해 앞으로 먹구름이 몰려올 때 잊지 말고 행동으로 옮겨 보자.

자신의 위대함을 실행하라

누구나 약한 면이 있고 훌륭한 면이 있다. 자신의 위대함을 실행에 옮길 때 다른 사람에게 어떤 방식으로 베풀겠는가? 베풀 수 있는 능력을 키우려면 어떻게 해야 할까? 이 질문을 떠올리고 답해 보라. 자신의 위대함을 축하하고 발전시키고 남에게 베풀기 위해 작지만 취할 수 있는 단계는 무엇인가?

확언의 창고를 만들어라

최고의 방어는 좋은 공격이다. 자신이나 남에게서 나올 수 있는 의심이나 비난에 대응하기 위해 소리 내어 말하거나 속으로 떠올릴 수 있는 한두 가지 확신의 말을 써 보라. 특히 현재 일어나고 있는 문제와 관련된 확언을 만든다. 예는 다음과 같다.

- 나는 이미 훌륭한 사람이고 더 훌륭한 사람이 되기 위한 과정에 있다.
- 내가 할 일은 완벽한 사람이 되는 것이 아니라 지금 이 순간 최선을 다하는 것이다.
- 누군가는 내 말을 이해하고 내가 베풀려는 것을 소중하게 생각할 것이다. 그러므로 나는 지금 베풀고 있으며 베풀어야 한다.

시련이 닥쳐올 때마다 이렇게 마음에서 우러나오는 확신의 말로 대응하라.

기적은 나로부터 시작한다

'보다' 라는 동사에 삶의 모든 것이 달려 있다.
— 피에르 테야르 드 샤르댕

내가 옳다고 그가 틀린 건 아니다

수피의 현자 나스루딘은 어느 날 오후 창턱에 앉아 있는 기이하게 생긴 새 한 마디를 발견했다. 사실 그 새는 왕의 매였다. 하지만 매를 한 번도 본 적이 없었던 그는 그것이 돌연변이 비둘기라고 생각했다. 그래서 매의 발톱을 깎아 주고, 부리를 똑바로 잘라 주고, 깃털을 다듬어 주었다. 그는 "이제 좀 새 같아 보이는구나"라면서 그 매를 놓아 주었다.

당신은 새로운 아이디어나 관점 또는 성격적 특성이 기존의 생각 속으로 들어오려고 할 때 어떻게 하는가? 그것이 당신을 변화시키기 전에 쫓아내지 않는가? 살면서 또는 하루에도 몇 번이나 마음의 틀을 바꿀 것을 요구받는가? 자녀나 부모, 형제자매, 배우자, 동료, 이웃, 또는 여러 집단 등 당신과는 다르게 생각하거나 행동하거나 보는 이들에게 맞추기 위해 말이다.

다른 사람의 관점을 이해하는 법은 필수적으로 배워야 한다. 그것은 당신이 다른 사람들과 같은 지구 안에서 살아가기 때문만은 아니다. 그것은 다음과 같은 개인적인 진리 때문이기도 하다.

'내 관점을 바꿔 더 넓은 영역을 포함한다면 내 가능성의 시야 또한 넓어질 거야.'

만약 당신이 누구나 비둘기처럼 생겨야 한다고 생각한다면 자신이 위풍당당한 매라는 생각은 꿈에도 떠올릴 수 없을 것이다.

캐롤은 딸 린이 자신과는 다른 종교를 선택했다는 사실을 받아들이기 위해 몇 년 동안 애쓴 끝에 그 진리를 알아냈다. 그녀와 남편은 딸을 정통 유대교 환경에서 키웠지만, 딸은 10대 후반에 다른 종교에 관심을 갖기 시작했다. 자신의 유대인 뿌리에 감사함을 느끼면서도 다른 영적 전통에 이끌렸다. 오랫동안 부모와 딸은 그 문제에 대해 서로 이야기를 꺼내지 않았다. 아버지가 세상을 떠난 후 어느 날 딸이 그녀를 방문했을 때였다. 그녀는 그동안 마음에 담아 왔던 감정을 솔직하게 표현했다.

"네가 아빠와 나 그리고 우리의 생활 방식을 거부한 게 유감이

구나.”

그러자 딸은 깜짝 놀라더니 이내 연민이 담긴 부드러운 목소리로 말했다.

“엄마, 전 엄마와 아빠를 거부한 게 아니에요. 전 제가 되어야만 했을 뿐이에요.”

이번에는 그녀가 놀랐다.

그녀와 남편은 오랫동안 딸이 다른 종교를 택한 것은 자신들을 거부한 것이라고만 생각했다. 자신들이 딸을 키우면서 대단히 큰 잘못을 했다고 여겼다. 그러나 딸의 말을 들은 그녀는 자신과 남편이 부모로서 실패하지 않았고 딸이 반항적이거나 잘못된 것도 아니라는 사실을 깨달았다. 딸이 부모를 비난한 것이 아니라 그저 자신의 마음을 따랐을 뿐이었다.

그녀는 분노 속에서 ‘딸의 선택이 옳다면 내 선택은 잘못된 거야’라는 생각과 함께 살아왔다. 그녀와 마찬가지로 당신은 때로 자신의 선택이 옳으려면 다른 사람의 선택이 잘못되어야만 한다고 생각한다. 하지만 그것은 사실이 아니다. 삶은 철저하게 모순적이다. 삶은 당신에게 둘 중 하나를 버리고 둘 다를 선택하라고 요구한다.

캐롤이 마침내 그 모순을 받아들이자, 즉 자신의 선택과 함께 딸의 선택을 존중하자 무언가가 그녀의 내면을 바꾸어 놓았다. 그녀는 날개를 펼치기 시작했다. 그녀는 강의를 듣고 새로운 친구도 사귀기 시작했다. 그리고 자신과 자신의 감정을 더 잘 이해하기 위해 심리 치료사의 상담도 받기 시작했다.

다른 사람의 관점을 존중하는 것은 무조건 그 사람의 선택에 찬성하거나 자신의 선택도 그와 똑같아야 한다는 뜻이 아니다. 다른 사람의 선택을 존중하는 동시에 자신의 길도 존중할 수 있다. 이 세상과 당신의 마음속에는 둘을 위한 공간이 충분하다.

그들을 존중함으로써 나를 존중하라

러시아의 대문호 톨스토이가 1886년에 소개한 이야기는 당신이 선택한 삶이나 행동 방식이 다른 사람의 것보다 좋지 않다고 생각하면 가능성의 시야 역시 그만큼 좁아진다는 점을 잘 보여준다.

주교는 아주 외진 섬에 산다는 이들을 찾아가기로 했다. 그런데 뱃사공이 주교를 만류했다.

"제가 듣기로 그들은 아무것도 이해하지 못하는 바보들이라고 합니다."

그러나 주교는 그래도 가겠다고 했다. 배가 섬 가까이에 닿을 수 없었으므로 주교는 작은 배에 옮겨 타고 스스로 노를 저어 가야 했다. 주교는 섬에 도착해 그 섬에 사는 세 명에게 자신을 소개한 후 그들에게 가르침을 주고 싶다고 했다.

주교가 그들에게 물었다.

"당신들은 이 섬에서 어떻게 영혼을 구제하고 하느님을 섬기시오?"

그러자 한 사람이 답했다.

"우리는 하느님을 어떻게 섬겨야 하는지 알지 못합니다. 우리는 오직 하느님의 종인 우리 자신을 섬기고 지지할 뿐입니다."

"하지만 기도는 할 것 아니오?"

"우리는 이렇게 기도합니다. 우리도 셋이요 주님도 셋이니 우리에게 자비를 베푸소서, 아멘."

그러자 주교가 웃으면서 말했다.

"당신들이 주님을 기쁘게 해주고 싶어 하는 마음은 이해하나 주님을 섬기는 법을 알지는 못하는구려."

주교는 그들에게 성서에 나오는 대로 올바르게 기도하는 법을 가르쳐 주었다. '하늘에 계신 우리 아버지' 부터 시작해 주교는 기도를 읊었고, 그들에게 따라 하라고 했다. 주교가 하루 종일 가르친 결과 그들 모두 기도를 암송할 수 있게 되었다.

날이 저물고 달이 떠올랐을 무렵 주교는 섬을 떠날 채비를 했다. 그들은 고개를 숙이고 고마워했고, 주교는 마지막으로 그들에게 기도를 읊게 한 후 작은 배에 올랐다. 작은 배는 천천히 출발해 저 멀리에서 기다리고 있는 큰 배로 다가갔다. 주교가 큰 배에 옮겨 타자 배는 돛을 펄럭이면서 섬에서 점점 멀어져 갔다. 작은 섬과 그들이 보이지 않을 정도로 멀리까지 갔다.

그런데 주교는 저 뒤에서 하얗게 빛나는 무언가가 배를 향해 다가오는 것을 보았다. 주교는 그것이 새인지 배인지 물고기인지 알 수 없었는데, 점점 가까이 다가오는 것을 보니 섬의 세 명이 발을 움직이지도 않고 물 위를 미끄러지듯 다가오고 있었다. 그들은 주교가 탄 배에 이르자 깜짝 놀란 주교에게 이렇게 말했다.

"주교님이 가르쳐 주신 것을 그만 잊어버렸습니다. 외울 때는 분명히 기억하는데 한시라도 외우지 않고 있으면 그만 잊어버립니다. 하나도 기억나지 않습니다. 다시 한 번 가르쳐 주십시오."

그러자 주교는 겸손하게 몸을 굽히며 말했다.

"당신들의 기도가 주님에게 닿을 것입니다. 내가 가르칠 게 아닙니다. 우리 죄인들을 위해 기도해 주십시오."

이번에는 주교가 그들을 향해 고개를 숙였다. 세 명은 바다 위를 미끄러지듯 달려 섬으로 돌아갔다.

가족, 학교 또는 직장, 공동체, 국가에 순응하기를 기대하고 그렇게 키운다면 모두가 고통 받는다. 남들에게 베풀기 위해 갖고 있는 다른 사람의 재능을 우리가 존중하지 않으면 우리가 고통 받는다. 우리가 그 재능을 받을 필요가 있기 때문이다. 캐나다 연합교회가 1986년에 캐나다 원주민들에게 사과한 것에서 나는 톨스토이의 이야기가 떠올랐다. 그 용기 있고 고무적인 성명서 중 일부 내용은 다음과 같다.

"내 사람들이 이 땅으로 건너오기 오래 전부터 여러분은 이곳에 있었습니다. 우리는 여러분의 연장자로부터 받았습니다. 창조에 대한 이해와 우리 모두를 둘러싼 신비로움에 대한 이해가 심오하고 풍요로우며 소중히 다루어야 한다는 것을 말입니다. 우리는 여러분이 그런 관점을 나누려고 할 때 귀 담아 듣지 않았습니다. 우리는 여러분을 우리와 똑같이 만들려고 했고, 여러분의 시각을 무너뜨리려고 했습니다. 그 결과 여러분과 우리는 더 가난해졌고, 우리 안에 있는 창조자의 이미지는 왜곡되고 흐려졌습니다. 그것은 신이 우리에게 의도한 것이 아닙니다. 우리는 여러분이 우리를 용서해 주길 부탁합니다."

물론 당신은 당신을 비판하는 사람들이 틀렸다는 사실을 증명하고 당신이 옳다는 것을 인정받고 싶은 충동을 버리기 쉽지 않다. 그들이 당신을 존중하지 않을 때 그들을 존중하기도 쉽지 않다. 자신을 지킬 권리에 집중하다 보면 어느새 자신이 편협하고 비난을 앞세우고 있음을 깨닫게 된다.

토마스는 오랫동안 형 펠리프와의 긴장 관계에서 편협함에 빠진 자신을 발견했다. 둘은 대단히 창조적이고 재능이 뛰어나지만 언뜻 보면 형제처럼 보이지 않을 정도로 많이 다르다.

겉모습만 봐도 외모나 행동이 그렇게 다를 수가 없다. 형 펠리프는 성공한 브로드웨이 안무가인 반면 인테리어인 그는 소박하고 조용하게 살고 있다. 가족 모임이 있을 때마다 형은 때로는 미묘하게 때로는 드러내 놓고 동생이 돈이 없고 세속적인 성공을 거두지 못했다고 비난했다. 평소에는 다정하고 온화한 성격의 그지만 형이 그런 말을 할 때마다 지나치게 자기 방어적이 되었다. 그는 형이 거만해졌다고 생각했다.

그는 그렇게 생각하던 것을 내게 털어놓았다.

"형은 내 삶의 방식을 절대로 인정하지 않을 거예요."

둘 사이에 보이지 않는 경쟁의식이 존재한다는 것은 확실해 보였다. 나는 두 형제 모두 자신이 선택한 길을 약간 불안해하고 있으며, 자신의 선택이 옳음을 확인하기 위해 상대방에게 못되게 군다는 사실 또한 알아차렸다. 그가 계속 형에 대한 불평을 털어놓자 나는 대놓고 물어보았다.

"형이 선택한 삶의 방식이 행복해 보이고, 형이 바라던 성공을 거두어 기쁘다고 말한 적이 있나요? 아니면 당신이 형보다 낫다는 기분이 들게 말하나요?"

그는 형이 자신을 대하는 방식을 질색하면서도 결국 자신도 형을 똑같이 대하지 않았는가? 그는 한동안 아무런 말이 없다가 "그 동안 나를 방어하느라 급급해 형이 스스로를 자랑스러워하도록 해준 적이 없었어요"라고 인정했다.

그는 형에게 비판당하고 형이 만든, 경제적으로도 성공하지 못했다는 꼬리표에 집착하면서도 그 역시 잘난 척 하기에 급급한 사람이라는 꼬리표로 형을 가두고 있었다. 두 사람은 서로 양쪽 끝을 붙잡고 팽팽하게 줄다리기를 하고 있었다.

몇 달 후 다시 그를 만났을 때 그는 들뜬 얼굴로 최근에 부모님과 형을 만났다는 소식을 전했다. 그는 형에게 존중받고 싶은 만큼 형의 선택을 존중해 주자고 결심했다. 그래서 형이 그를 깎아내리더라도 발끈하지 않고 형의 일에 대해 묻고 새로운 성과를 축하해 주었다. 둘 사이에 여전히 긴장감은 있었지만 조금이나마 형과 가까워질 수 있었다.

나는 토마스와 이야기를 나누면서 그가 자신의 선택에도 마음이 편안해졌음을 알 수 있었다. 내면의 줄다리기가 예전만큼 팽팽하지 않았다. 그는 형에게 있는 그대로의 모습이 될 수 있도록 허락함으로써 자신의 모습에도 편안해질 수 있었다.

남의 인생을 살고 있지 않은가

자신에 대한 가능성의 시야가 넓어지면 종종 기대 또한 버리고 만다. 남이나 자신에 대한 기대를 놓아 버리는 것이다. 《시간의 주름》을 쓴 미국 작가 매들린 랭글은 "자아는 고정된 것이 아니다. 예쁜 꾸러미에 싸여 아이에게 전달되는, 완성되거나 완전한 것이 아니다. 자아는 언제나 '되어 가는 중' 이다"라고 말했다.

무엇인가 될 수 있는 자유는 복제 인간이 되라고 요구하는 것보다 자녀에게 줄 수 있는 가장 소중한 선물이다. 또한 무엇인가 되어가는 과정을 존중하는 것은 자신에게 줄 수 있는 소중한 선물이다.

삶에서 지침은 꼭 필요하고 도움이 되고 누구에게나 필요하다. 하지만 본분을 벗어나는 엄한 기대는 오히려 방해가 될 뿐이다. 아이든 어른이든 모두 시끄럽게 뒤섞인 목소리에서 벗어나 자신을 이끌어 줄 내면의 목소리에 귀 기울일 공간이 필요하다. 기대의 목소리가 너무 커지면 자신의 목소리를 따라가기는커녕 들을 수도 없다.

매슬로우는 연구를 통해 내면의 목소리와의 연결고리를 찾는 것이 매우 중요하다는 사실을 알아냈다. 그에 따르면 심적으로 강하고 건강한 사람은 내면의 감정을 나타내는 목소리를 더 분명하게 들을 수 있다고 한다. 그들은 먹고 입는 문제에서부터 가치와 윤리에 관한 문제까지 의사 결정을 내릴 때 외부의 기준이 아닌 내면의 기준에 따른다. 또한 자신이 원하는 것과 원하지 않는 것을 분명하게 알고 있다. 안타깝게도 일반 사람들이 자라 온 방식은 그와는 정반대의 결과를 낸다고 그는 말한다.

그에 따르면 우리는 대부분 진정성을 회피하라고 배웠으며 따라서 내면의 목소리에 혼란을 느낀다. 우리는 내면의 신호를 무시하라고 훈련받았다. 그래서 감정을 표현하기보다 억누른다. 그는 시금치를 싫어하는 아이를 예로 들었다.

엄마는 아이가 시금치를 싫어하는 걸 알지만 이러저런 이유에서 꼭 먹어야 한다고 말한다. 하지만 그때 성내며 먹으라고 하기보다 "우린 시금치를 좋아해"라고 말하면 아이의 감정이 쉽게 누그러진다고 그는 말한다.

만약 우리가 자신과 자녀에게 내면의 깨달음과 심오한 욕구에 접촉하라고 격려하지 않는다면 내면의 진리가 샘솟는 정신과의 소통이 끊어지고 만다. 대단히 민감하며 지혜를 이끄는 그 부분은 숨통이 막히면 대항할 것이다. 외부의 목소리에 맹목적으로 따르면 당신의 진정한 자아는 내면에 관심을 돌리기 위해 신체나 정신 또는 감정에 병을 일으킬 것이다.

이 부분은 천천히 읽기 바란다. 대단히 중요하다.

흔히 스트레스와 불안은 정신없이 바쁘게 돌아가는 삶 때문에 일어난다고 생각하기 쉽다. 그러나 불안과 우울함, 반란은 자기 것이 아닌 자아를 안고 살아갈 때 내면에서 휘몰아치는 긴장이 밖으로 드러난 표시일 수 있다.

내 친구 중 한 명이 아들의 친구인 애론에 대한 이야기를 들려주었는데, 이 경우의 사례라고 할 수 있다. 10대인 애론은 똑똑하고 예의 바른 데다가 행실이 나무랄 데 없었다. 완벽한 자녀의 본보기일 뿐만 아니라 모든 면에서 다른 아이들보다 뛰어났다. 늘

우등상은 휩쓸었고, 각종 대회에서도 좋은 성적을 거두었다. 아이의 부모와 선생님은 애론이 나중에 크게 될 것이라고 칭찬하기에 바빴다. 그런데 내 친구의 아들은 그런 애론이 애론다운 모습이 아니라며, 오히려 나중에 큰 문제를 일으킬 것이라고 말했다. 미소에서부터 옷 입는 방식, 어른에게 말하는 것까지 자신이 아니라 남의 인생을 연기하는 것처럼 인위적이라고 덧붙였다.

1년 뒤 애론은 180도로 바뀌었다. 전 과목 A를 받던 그는 모든 과목에서 낙제했고, 어른 말이라면 고분고분 잘 따랐던 모범생이 사사건건 반항을 일삼았다. 애론의 부모는 큰 충격에 빠졌다. 부모와 선생님의 지나친 기대는 그들도 모르는 사이 애론에게 숨 쉴 공간을 전혀 주지 않았고, 애론이 무엇을 좋아하고 원하는지 알 수 있는 여유를 주지 못했다. 부모는 그렇게 시한폭탄을 만들었고, 애론은 자신을 둘러싼 틀을 깨고 진정한 자신을 찾기 위해 폭발해야만 했다.

두 명의 10대 자녀를 둔 로렌은 자신의 창조적인 정신을 드러냄으로써 애론의 경우보다 극적이지는 않지만 중요한 방식으로 자신에 대한 작은 기대를 깨뜨렸다.

내가 그녀를 만난 것은 그녀가 소설을 쓰고 그것을 출판하고 싶은 꿈을 이룰 수 있을지 상담하기 위해 나를 찾아왔을 때였다. 그녀는 소설을 쓰고자 하는 데 열정적이었고 출간 후의 홍보 활동에

도 온 힘을 기울이고 싶어 했다. 그런데 그녀는 혼자 아이를 키우는 데다 직장에 다니다 보니 글에 전념할 시간이 없다고 했다. 그녀는 열정이 넘쳤지만 지치고 좌절하는 모습도 엿보였다. 그녀는 그녀의 삶에서 가장 큰 장애물은 현재 직장이 싫은 데다 출퇴근 시간이 오래 걸린다는 점이라고 말했다. 두 가지 사실 모두 그녀를 지치게 했다.

꿈을 실현하기 위한 현실적인 방법에 관해 그녀와 이야기할수록 소설 쓰기에 대한 그녀의 열정이 되살아났다. 그와 동시에 그녀의 열정과 어울리지 않는 그녀의 삶이 그녀를 불편하게 했다. 혼란은 점점 더 커지기 시작했다. 얼마 후 그녀는 내게 직장을 그만두겠다고 말했다. 더 이상은 견딜 수 없어 새로운 직장을 알아볼 것이라고 했다.

그것은 좋은 징조였다. 그녀는 꼭 필요한 변화를 만들기 위해 한 걸음을 내디딘 것이다. '다른 선택이 없으므로 비록 불행하더라도 이 직장에서 계속 일해야 한다'는 이전의 믿음과 과감하게 맞선 것이었다.

그녀가 이후 소설을 쓰더라도 경제적인 문제 때문에 힘들 것이라고 우려하는 이들도 있었다. 자신 역시 경제적인 문제가 우려되지 않은 것은 아니었다. 하지만 그녀는 그런 우려와 주위의 불안을 떨쳐 냈다. 오히려 그녀는 '직장을 그만두거나 열정을 쫓거나

둘 중 하나여야만 해' 라는 모순을 편안하게 받아들였고 이를 실천
했다.

그녀는 파트타임으로 일하는 틈틈이 소설을 쓰기 시작했다. 그
녀는 쓰고자 하는 내용을 정리하고, 이를 전자 도서를 만드는 것
부터 시작했다. 그렇게 그녀는 내면의 목소리에 따르고 오래된 추
측에서 자유로워짐으로써 그동안 억눌려 있던 에너지를 자신의
꿈을 실현하는 데 쓸 수 있게 되었다.

로렌은 비현실적인 사람이 아니다. 그녀는 당시 경제적인 문제
와 자녀 양육 때문에 집필에 많은 시간을 할애할 수 없음을 잘 알
고 있었지만 둘 중 하나만 고르는 경직된 사고에 얽매이기를 거부
했다. 현실 문제 때문에 열정을 나 몰라라 하는 것이 아니라 매주
조금씩 열정을 키워 나갔다. 당연히 그녀의 열정은 더 건강해지고
강해졌다. 당신에게도 똑같은 선택권이 있다. 할 수 있다고 생각
되는 일에만 순응하거나 그와 같은 사고방식을 버리고, 내면의 목
소리에 귀 기울여 당신의 가능성을 넓히는 것은 당신의 선택에 달
려 있다.

마음의 울림에 귀 기울일 때

저마다 남들과는 다른 방법으로 내면에서 우러나는 자신의 진정한 목소리를 듣는다. 내 경우에는 숲 속을 걷기를 좋아하고, 그속에서 그 누구도 아닌 진정한 나와 만난다. 사과나무가 되려고애쓰는 무리 지어 핀 라일락이나 꿀벌인 척하는 개미를 본 적 있는가? 어떤 사람들은 조용한 성찰이나 명상, 기도로 진정한 자아와 만나고, 어떤 이들은 요가를 하기도 한다. 어떤 방법으로 내면의 목소리를 듣는지는 상관없다. 중요한 것은 당신이 필요로 할때 효과적인 방법을 활용하는 것이다.

내가 아는 어떤 사람은 꿈을 이용해 진정한 자아와 만난다. 이를 소개하는 이유는 그가 어떤 방법을 사용하는지 알려 주기 위해서가 아니다. 사람마다 효과적인 방법이 다르기 때문이다. 내면의목소리와 이어짐으로써 그의 인생이 바뀌었다는 이야기를 하고싶어서다.

그는 오랫동안 사무원으로 활동했는데, 어느 순간 그 일을 하기가 너무나 싫어졌다. 대신 그래픽 디자인을 하고 싶어졌다. 디자인 강의를 들으면서 재능을 드러낸 그는 부업 삼아 프리랜서 디자이너로 일하기도 했다. 전문 디자이너로 관련 직장에서 일하고 싶은 마음은 굴뚝같았지만 경력이 부족했기 때문에 확신이 서지 않았다. 그래서 기대를 바꾸고, 자신의 진정한 꿈으로 다가가는 대신 다니던 직장을 그만두었지만 하는 업무가 같은 다른 회사로 옮겼다.

새 직장으로 출근하기 전날 그는 몹시 불안했다. 그는 잠자리에 들기 전에, 자신이 불안한 이유를 알 수 있는 꿈을 꾸게 해 달라고 빌었다. 그날 밤 그는 '나는 아직 내 영혼을 잃고 싶지 않아. 나는 아직 내 영혼을 잃고 싶지 않아' 라고 반복하면서 모닥불 주변을 도는 꿈을 꾸었다.

다음 날 아침, 그는 지난밤의 꿈이 지나치게 극적이라고 생각했다. 그러면서도 '내 영혼이 보내는 메시지일지도 몰라' 라는 생각이 들었다. 그는 누구나 새 직장 출근을 앞두고 이런 불안을 느낀다며 자신을 납득시키려고 했다.

그러나 10개월 후 그는 원점으로 돌아와 있었다. 쉽게 잠을 이루지 못하는 데다 매일 아침 서둘러 일어나 출근하는 것이 고역이었다. 그런 생활이 지루했고, 그런 자신이 불행하기만 했다. 극심한 두통까지 생기자 그는 진작 마음의 목소리에 귀를 기울여야 했음을 깨달았다. 그는 새 직장이 구해지든 그렇지 않든 2주 후에 무조건 다니는 회사를 그만두기로 결정했다. 그리고 보람을 느낄 수 없는 직장은 무슨 일이 있어도 들어가지 않기로 스스로에게 약속했다.

그렇게 결심한 며칠 후 놀라운 일이 벌어졌다. 예전에 그가 디자인 수업을 들었던 교수가 그에게 전화를 걸어 정규직이 될 가능성도 있는 프리랜서 일을 도와줄 수 있는지 물었다. 좋아하는 일도 하고 실전 경험도 쌓을 수 있는 절호의 기회였다. 그는 자신이 옳은 결정을 했음을 알았고, 마음에서 우러난 결정을 신뢰하게 되었다.

프리랜서 일을 시작하고 한 달 후 그는 예전에 지원했던 예술학교의 정규 관리직을 제안받았다. 새로운 선택을 앞두고 예전의 의심이 몰려왔다. 논리적으로는 지금 하고 있는 프리랜서 일이 계속되리라는 보장이 없으므로 안정적인 새 직장 제의를 받아들여야 한다고 생각했다. 혼란스러웠다. 그는 마음의 결정을 내릴 수 있도록 또 꿈을 꾸게 해달라고 빌었다.

이번에는 금붕어가 계속 물 위로 머리를 내미는 꿈을 꾸었다. 꿈속에서 그는 금붕어의 안전과 생명을 위해 계속 머리를 물속으로 집어넣어 주어야만 했다. 그는 나중에 내게 그 꿈 이야기를 들려주며 이렇게 말했다.

"그 꿈의 의미를 정확히 알 수 있었어요. 그 새 직장을 수락한다면 나는 물 밖으로 나간 물고기가 되는 거였어요."

그녀는 그 꿈을 통해 가슴으로는 이미 알고 있던 사실을 다시
한 번 확인했다. 내면이 이끄는 대로 따라가지 않으면 또 열 달, 10
년을 아무런 성취감도 느끼지 못한 채 불행하게 살아야만 한다.
물론 논리도 중요하지만, 논리는 모순의 한 쪽 면일 뿐이다. 내면
의 창조적인 목소리에 귀 기울이고 그것이 이끄는 길을 믿어야 최
선의 결정을 내릴 수 있다.

그가 의구심을 가진 이면에는 또 다른 패턴이 자리했다. 그것은
나는 물론이고 당신에게도 해당되는 패턴일지 모른다. 진정한 자
아의 목소리 바로 옆에는 실수하거나 코앞에 놓인 기회를 잡지 않
는다면 두 번 다시 기회가 오지 않는다고 말하는 또 다른 목소리
가 있다.

그 목소리는 지금 뛰어들지 않으면 평생 후회할 거라고 말한다.

하지만 그 말이 사실인 경우는 드물다. "마지막 기회야, 마지막 기회!"라고 외치는 두려움 가득한 목소리는 옷이나 요리 제품이 다시는 없을 마지막 세일 기회라고 외치는 광고만큼이나 어리석다. 이제 그는 두려움 가득한 목소리를 따라갔기에 올바른 방향으로 이어지지 않았다는 사실을 잘 안다. 그는 "내 진정한 감정과 직관은 절대로 나를 실망시키지 않아"라고 말한다.

진정한 목소리에 귀를 기울이는 연습을 할수록 그 목소리와 두려움에 찬 목소리를 구별할 수 있다. 나 역시 날마다 진정한 내면의 목소리에 관심을 기울이는 법을 배우고 익히고 깨닫는 중이다.

친구의 목소리가 갈라지는 것을 들으면 그가 언짢거나 걱정이 있음을 알 수 있다. 목소리에 생기가 넘치거나 말이 빨라지는 것을 들으면 기분이 좋음을 알 수 있다. 수화기 너머로 기운 없는 목소리가 들려오면 그에게 무슨 일이 있음을 감지할 수 있다. 말의 내용이 아닌 목소리를 통해 알 수 있다. 어조가 모든 것을 말해 준다.

우리는 이런 식으로 다른 사람의 마음을 읽는 데는 익숙하지만 주변에서 일어나는 일들에 휩쓸리다 보니 자신의 마음을 읽는 방법은 잊어버리곤 한다. 그러나 자신의 마음을 읽을 줄 알아야 문제를 바로 잡기 위한 소중한 단서를 얻을 수 있다.

자신의 목소리에서 툴툴거림이나 성급함, 피곤함이 몰려온다면 '내 감정은 무엇이고, 지금 이 순간 자신을 존중하기 위해 할 수 있는 일은 무엇인가? 생각해 보자. 걱정이 가득하거나 극도로 흥분한 어조라면 알 수 없는 미래라는 두려움에 사로잡히지 말고 한 박자 늦춰 현재에 충실하도록 노력하자.

이처럼 당신의 내면에서 우러나는 목소리에 귀 기울이면 당신이 미처 깨닫지 못한 중요한 메시지를 당신에게 알려준다. 침체된 때에만 그 목소리에 귀 기울이는 것은 아니다. 목소리에 흥분이 넘치거나 기분 좋게 휘파람을 불거나 콧노래를 부를 때도 그 목소리에 귀를 기울여 보라. 어떤 일이나 생각이 기분 좋게 하고 노래 부르게 하는가?

당신은 놓치고 그녀는 잡은 것

당신은 자신을 살아 있게 만드는 것과 이어져 있는가? 당신은 내면의 목소리에 솔직하고 그 목소리를 따라가고 있는가?

몇 년 전에 솔직함 덕분에 하루아침에 인생이 바뀐 여성을 만난 적이 있다.

잰은 오랫동안 플로리다에서 가족과 가까이 살았다. 그곳은 처음 그녀가 정착했을 때와는 사뭇 달라져 있었다. 그녀가 사는 곳은 플로리다 주에서 가장 급속도로 성장하고 신경에 거슬릴 정도로 바쁜 곳이 되어 버렸다. 그녀는 매일 교통 체증에 시달려야 하는 것이 끔찍하게 싫었다. 나이 든 부모님과 가까운 곳에서 사는 것은 의무라고 생각했지만, 그런 곳에서 일하고 사는 것은 고역이었다.

그런 생활에 절망하던 어느 날이었다. 바쁘고 소란스러운 일상에 가려 있던 내면의 목소리가 의식을 뚫고 나왔다. 언제나처럼 꽉 막힌 도로에서 그녀는 자신도 모르게 이렇게 중얼거렸다.

"6개월 동안 다른 곳에서 살 수 있다면 어디에서 뭘 하고 살까?"

그러자 곧바로 대답이 떠올랐다. 그녀가 가장 좋아하는 곳은 오래 전부터 부모님과 여름휴가를 보내는 몬태나였다. 그곳이 떠오르자마자 "그렇다면 뭘 기다리고 있는 거지?"라고 외쳤다.

그녀는 지금까지 '내일까지만 기다리면 행복해질 거야' 라는 거짓말을 하며 살아왔다는 사실을 깨달았다. 사실 그녀의 속마음은 '어서 빨리 솔직한 내가 되고 싶어' 였다.

물론 내면의 진정한 목소리에 귀를 기울이는 것은 다른 사람에 대한 의무를 저버리거나 무책임하게 행동하라는 의미가 아니다. 베풂과 받음의 모순은 우리에게 두 가지의 균형을 맞추라고 요구한다.

그녀는 그 사실을 알고 있었다. 그녀는 부모님에 대한 자신의 의무를 잘 알고 있었다. 그녀는 먼저 부모님에게 괜찮은지 물은 다음에 몬태나로 떠났다. 그리고 5년 후, 부모님이 그녀의 도움을 필요로 하게 되었을 때는 곧바로 플로리다로 돌아와 부모님을 보살폈다.

부모님은 몬태나로 이사하고 싶다는 그녀의 말을 듣고는 딸에게 변화가 간절히 필요하다는 사실을 알았다. 부모님은 딸이 지낼 곳을 구하기 전까지 몬태나에 있는 작은 별장에서 살라고 기꺼이 허락해 주었다. 그녀의 변화의 바퀴가 움직이기까지는 오래 걸리지 않았다. 그녀는 앞으로 살게 될 작은 마을에서 직장을 구하기가 쉽지 않으리라고 생각했지만 곧바로 멀지 않은 곳에서 직장을 찾았다. 그녀는 모든 일이 척척 진행되는 것을 보고 놀라지 않을 수 없었다. 그녀는 몬태나로 떠나기 직전에 또 한 번 놀라운 경험을 했다. 바로 마음에 드는 상대를 만나 사랑에 빠진 것이다.

그것이 잔인한 운명의 장난이었을까? 나는 그렇게 생각하지 않는다. 내 인생은 물론 다른 사람들의 인생에서 수없이 보아 왔듯이 우리는 진정한 자신의 모습을 따를 때 자동으로 자신이 필요로 하고 받을 만한 가치가 있는 것을 더욱 많이 끌어당긴다. 나는 그녀가 마음에 드는 상대를 만날 수 있었던 것이 그녀가 내면의 목소리에 귀를 기울였기 때문이라고 생각한다.

그녀는 곧바로 진지한 관계로 발전할 상대를 만나고 난 이후에도 계속 자신에게 진실했고, 스스로 행복을 느끼는 상황을 따르기로 했다. 다시는 그를 만나지 못할 수도 있다는 사실을 깨달은 그녀는 플로리다를 떠날 계획이라는 사실을 그에게 고백했다. 그런데 그는 대뜸 "나도 같이 가요!"라고 말했다. 두 사람은 몬태나로 떠난 지 얼마 후 결혼에 골인했고, 그녀는 임신이라는 또 다른 꿈을 이루었다.

그녀의 인생 변화는 '6개월 동안 다른 곳에서 살 수 있다면 어디에서 무엇을 하고 살까?'라는 대담한 질문과 답변에서 시작되었다. 당신에게 올바른 질문을 떠올리고 자연스럽게 떠오르는 대답에 귀를 기울이는 것은 바로 당신의 목소리를 존중하는 것이다.

당신의 진정한 모습을 축복하는 것이다. 그것은 언제나 틀림없이 행복한 연쇄 효과를 만들어 낸다.

나만의 기적을 깨우고 베풀어라

인생은 마법의 주문을 말해야만 문을 열어 주는 문지기처럼 우리가 다음번 돌파구를 만들려고 할수록 또다른 수수께끼를 낸다. 그 수수께끼는 모순의 형태로 나타나는 경우가 많다.

두 가지 정반대되는 진실은 당신에게 관점을 바꾸라고 요구한다. 모순은 삶이 이것과 저것 사이의 명백한 선택으로 채워지는 경우가 드물다는 사실을 가르쳐 준다. 모순은 우리에게 이것과 저것을 전부 받아들임으로써 베풀고 받는 능력을 넓히라고 요구한다.

당신의 다음 번 돌파구를 만들어 줄 모순은 멀지 않은 곳에서 찾을 수 있다. 그것은 바로 당신의 눈앞에 있다. 그것은 당신의 삶에서 가장 아픈 곳 한가운데를 때린다.

당신은 언제나 "예"라고 말하느라 기진맥진하면서도 좀처럼 "아니오"라고 말하지 못하는가? 그런 성격이라면 삶은 당신에게 정반대 방향에 놓인 해결책을 찾으라고 요구할 것이다. 적당히 선을 긋고 "아니오"라고 말해야만 계속 "예"라고 말할 수 있는 모순을 받아들이라고 말이다. 장기적인 목표에만 집중하고 있는가? 그렇다면 삶은 당신이 시선을 돌려 눈앞에 있는 사랑하는 사람들을 바라보게 하고, 현재가 미래보다 중요하다는 사실을 깨닫게 할 것이다. 그리고 당신이 남의 말이나 행동이 아닌 당신의 생각과 의지에 행복을 맡긴다면 삶은 당신이 자신을 신뢰하는 법을 배울 수 있는 자유를 줄 것이다.

삶이 모순의 연속이라는 사실을 안다고 해서 삶의 모든 긴장과 불안이 사라지는 것은 아니다. 그것은 필수적이다. 과도한 스트레스나 불안은 모순의 한쪽에만 얽매일 때 생긴다. 오른쪽이나 왼쪽으로 치우쳐 살면 반쪽 삶일 뿐이다. 모순을 완전히 받아들여야만 원하는 대로 온전한 삶을 살 수 있다. 인류의 위대한 스승들은 모순과 함께 즐기고, 마음을 열면 가능성이라는 시야가 훨씬 넓어질 것이라고 말한다.

원하든 원하지 않든 우리는 베풂과 받음이라는 기술을 배우는 학생이다. 그 교실 안에 있는 이들은 모두 공통된 문제를 안고 있다.

'어떻게 해야 나를 존중하는 동시에 다른 사람을 존중할 수 있을까? 어떻게 해야 다른 사람이 필요로 하는 것과 내가 필요로 하는 것의 균형을 맞출 수 있을까?'

자신을 존중하고 남을 존중하는 것은 모든 것이 그렇듯 서로 불가분의 관계를 맺고 있다. 서로가 없으면 서로가 존재할 수 없다.

그것이 핵심이다. 자신을 존중하는 것은 이기적인 목표가 아니다. 자신을 존중할 때 가장 위대한 자아가 탄생한다. 그래야 다른 사람에게도 더 많이 베풀 수 있다. 반대로 당신이 남에게 베풀 때 역시 당신은 자신을 존중하는 것이다. 그것은 당신이 이 세상에 태어난 이유를 확인하고 존중하는 것이다. 한마디로 당신의 존재 이유를 존중하는 것이다.

어떻게 해야 가장 위대한 자아가 만들어지는가? 어떻게 해야 자신을 깊이 존중하고, 다른 사람에게 당신만의 창조적이며 풍요로운 선물을 베풀 수 있을까? 한 가지는 확실하다. 자신을 온전히 존중하려면 희생이나 두려움, 의심 뒤에 숨지 말고 자신의 있는 그대로를 받아들이고 인정해야 한다. 자신의 잠재력을 추구하는 것을 더 이상 미루지 말고, 흥미를 느끼는 그대로 자신이 가진 선물을 그들에게 베풀어야 한다.

자신의 창조적인 열정과 마음의 목소리에 온전히 따른다면 마법은 눈앞에 펼쳐진다. 베풀어야만 하기 때문에 베푸는 것이 아니다. 누군가 당신의 선물을 필요로 하기 때문에 나누어주는 것도 아니다. 베풂은 당신의 타고난 목적이다. 베풀지 않을 수 없기 때문이다. 당신이 가진 컵이 넘치기 때문이다. 내가 이 책을 쓰기로 마음먹은 이유는 지금까지 살면서 때로는 아프고 때로는 기쁘게 배운 교훈이 많은 이들에게 도움이 될 수 있다는 생각에서다. 내가 이 책을 써야만 했기에, 이것이 내가 세상에 태어난 이유이기도 하다.

당신이 태어난 이유는 무엇을 하기 위해서인가? 당신만의 재능으로 세상에 기여할 수 있는가? 당신은 그 재능을 어떤 방법으로 베풀 것인가? 저마다 이 질문에 다르게 답할 것이다. 당신의 대답은 무엇인가?

나는 가르치기 위해 태어났다. 나는 다른 이들에게 비극적인 상황에서 감사가 얼마나 중요한지 가르쳐주기 위해 태어났다. 내가 가진 재능은 그들이 자신의 진정한 모습을 보고 자신감을 키우도록 도와주는 것이다.

나는 양육하고 치유하기 위해 태어났다. 내 재능은 아무리 사소하더라도 다른 사람의 삶을 바꿀 수 있음을 보여주는 것이다.

나는 이끌기 위해 태어났다. 가는 곳마다 기쁨과 웃음을 주기 위해 태어났다. 그들이 자신을 표현하고 고유한 재능을 나눌 수 있도록 도와주기 위해 태어났다.

당신은 왜 베푸는가? 당신이 베푸는 그것이 남에게 도움이 되거나 당신도 그 보답으로 무언가를 얻을 수 있다는 이유에서인가? 그럴 수밖에 없기 때문에 베풀고 있는가? 그것이 바로 당신의 존재 이유다. 그것이 바로 당신을 미소 짓게 하고 마음의 불꽃을 당

긴다. 당신만이 채울 수 있는 그 불꽃과 함께할 때 당신의 우선순
위가 바뀐다. 그럴 때 당신은 더 이상 낮은 곳에 있지도 않으며, 당
신이 베풀기 위해 타고난 재능은 더 활기차게 빛날 것이다.

내면의 불꽃이 빛날수록 당신은 자신의 재능을 베풀 방법이 오
직 하나임을 깨닫는다. 그것은 바로 매일 자신을 존중하는 것이
다. 지금, 당신은 선물 그 자체이기 때문이다.